2015

中国资本市场论坛
China Capital Market Forum

程　前◎主编

中国财富出版社

图书在版编目（CIP）数据

中国资本市场论坛.2015 / 程前主编.—北京：中国财富出版社，2016.6

ISBN 978 - 7 - 5047 - 6126 - 2

I.①中…　Ⅱ.①程…　Ⅲ.①资本市场—研究—中国—2015　Ⅳ.①F832.5

中国版本图书馆 CIP 数据核字（2016）第 082125 号

策划编辑	王淑珍		**责任编辑**	惠　嫘			
责任印制	何崇杭		**责任校对**	杨小静		**责任发行**	斯　琴

出版发行	中国财富出版社	
社　　址	北京市丰台区南四环西路 188 号 5 区 20 楼	**邮政编码**　100070
电　　话	010 - 52227568（发行部）	010 - 52227588 转 307（总编室）
	010 - 68589540（读者服务部）	010 - 52227588 转 305（质检部）
网　　址	http：//www.cfpress.com.cn	
经　　销	新华书店	
印　　刷	北京京都六环印刷厂	
书　　号	ISBN 978 - 7 - 5047 - 6126 - 2/F·2579	
开　　本	710mm×1000mm　1/16	**版　次**　2016 年 6 月第 1 版
印　　张	11.75	**印　次**　2016 年 6 月第 1 次印刷
字　　数	116 千字	**定　价**　58.00 元

过去的一年云谲波诡，不堪玩味。有人制造了资本市场的重度雾霾，有人身陷囹圄却留下了鸡毛一地；有人逃了顶，有人抄了底；有人神伤，有人窃喜；有人华丽转身，有人坚守阵地……唯有最亲爱的"资本家"的同人们，不论"荣誉"与否，都不忘初心，仿佛横刀挺立、为了心中的规矩与道义奋力前行的"老炮儿"！

未来的证券行业将进入传统业务转型、创新业务规模化的发展阶段，行业的发展趋势将向多元化、差异化、综合化、集团化、国际化的方向发展。同时，行业技术创新驱动业务创新，风险管理能力成为机构的核心能力。行业未来的发展还将面临另类、跨界、私募、互联网金融的挑战，必须要与时俱进适应行业和市场的变化，应对行业发展的新常态，持续不断推进市场化改革。

　　如今的资本市场"江湖"不同于过去，过去的市场更像是监管机构划定的"人工湖"，交易界区明确；当下的市场更像是一个"野湖"，交易边界开放，哪里水深，哪里冰薄，需要市场参与者恪尽职守，主动把控风险，在"负面清单管理"的市场环境下自由发挥。身处一线的各位同行们，2016年是注册制的元年，经历了14个年头核准制熏陶的我们能否适应新的环境，有效把控保荐风险，做好风险评估和价值判断是每一位同人将要应对的严峻课题。我们不做市场雾霾的制造者，我们也不是吸尘器，我们是维护资本市场"绿色"，坚守公开、公平、公正道义的"老炮儿"！

　　最后，祝《中国资本市场论坛》丛书越办越好！

　　　　　　　　　　　　　东方花旗董事会秘书　魏浣忠

　　　　　　　　　　　　　2016年5月

　　经过二十多年的发展，中国的资本市场正在逐步走向成熟。近年来，市场各个要素都在经历着深刻的变化。首先，多层次的市场架构逐渐形成，权益类的主板、中小板、创业板，到新三板以及各个地方的股权交易中心；固定收益类的银行间市场、交易所市场和机构间报价系统。随之而来的则是融资主体和融资形式的多元化。从资本市场获得资金的不仅仅是以往的重资产或者大体量的企业，如今，众筹模式甚至可以给哪怕一个"主意"进行融资服务；融资的形式也突破了以往传统的股权和债权方式，各种类股权、类债权、夹层基金、收益互换等不一而足。此外，在考察投资者时不难发现，与以往相比，投资者的风险偏好显现出更加明显的差异化。从低风险的国债，到高风险的非上市公司的私募债券，从上市公司的优先股到非上市公司的股权众筹都拥有自己的投资者群体。

面对一个如此纷繁复杂的市场，作为从业者我们必须迎接挑战。在融资业务方面，客户提出的融资需求呈现出非标准化的趋势。不再是拘泥于某一时间某种特定明确的融资方式，取而代之的则是向从业人员提出一个整体的目标，要求从业者根据这个目标进行自主规划，设立阶段性的进度方案，从而形成一个完整的融资计划。在激烈竞争的环境下，能否有效地为客户提供综合性的服务已经成为证券公司核心竞争力的标尺。因此，这对从业人员的综合素质提出了更高的要求。在实际工作当中，单一业务条线的知识储备往往显得单薄，需要从业人员能够了解多种融资方式的特点和适用范围、相应的政策指导以及具体产品类型的实际操作方法。

在投资业务方面，由于各类新的金融投资标的不断出现，各种更加复杂的金融产品的相互交叉渗透，投资人员所面临的考验空前严峻。金融衍生品的快速发展，使得过去相对被忽视的量化分析能力成为投资人员亟须提高的重点。更加复杂的品种就意味着更加复杂的投资组合，也就意味着更加困难的风险分析和控制，各种新出现的对冲策略又将跨品种跨市场的分析能力严肃地摆在每一位投资人员的面前。只有不断地提高投资人员的综合业务能力才能在日益严峻的竞争之中生存下去。

此外，在服务的广度之外，服务的深度要求也明显增加。

"交叉销售""一站式"服务和"定制化"服务将是未来券商的发展方向。过去的"一级市场"和"二级市场"的服务界限越来越模糊。今天一级市场业务的客户可能就是明天二级市场的客户，反之亦然。所以，公司内部的统一协调和通力协作也越来越重要。

　　总之，中国资本市场的发展日新月异，对于从业人员的素质要求也越来越高。既要专业又要全面，既有深度又有广度。市场的演进推动了从业人员的素质提升，而从业人员的进步反过来又促进了市场的创新，这就是我们光明的前景！

太平洋证券固定收益总监、固定收益总部总经理　吕建红

2016 年 5 月

资本市场论坛已经举办了七届，在下非常有幸能够成为"资本家"中的一员。

首先，要深深地感谢资本市场论坛，我在这里汲取营养茁壮成长，每次论坛都有很多新的想法碰撞出来，这些想法也在我脑中碰撞，是使我最终走上创业之路的启蒙。其次，资本市场部的兄弟姐妹在我创业的过程中给予了莫大的帮助，鄙人借此机会向诸位同行表示感谢。鹿秀金融对本届论坛的赞助只是刚刚起步，未来将持续支持论坛发展，希望论坛越办越好。

资本市场论坛之所以能"群贤毕至，少长咸集"，在我看来有三点：平等自由、温暖一家、开放创新。

资本市场论坛是个平等自由的论坛，在这里没有公司大小、职位高低之别，大家都可以自由发声。平等是自由的基础，有了平等自由才会使大家觉得论坛是个温暖的家庭，有了平等自由才会使大家敢于各抒己见，开放的心态与头脑的碰撞才会催生创新的火花。平等自由是论坛越办越好的基础，这是资本市场论坛于我而言最有魅力的地方。

　　"资本家"是个温暖的大家庭，大家在群里面无话不说，是相亲相爱的一家人。第一次参加资本市场论坛的时候，觉得"战场上是对手，草地上是朋友"这句话在论坛真是应了景。别看平时联席主承销的时候各种撕、各种明枪暗箭，到了论坛里面都是把酒言欢的好朋友。

　　正是由于平等自由的氛围和家人一样的温馨，论坛最为精彩的部分才能诞生——开放创新。嘉宾分享论坛话题的时候都有着开放的心态，讲的都是干货，绝对不会藏着掖着。在国内的监管环境下，很多信息是靠口口相传的，嘉宾在论坛上分享出来，是绝无其二的信息渠道，每到此时，大家都打起精神竖着耳朵仔细聆听。中国资本市场发展神速，论坛总是走在市场前沿，对于创新有着兼容并包的心态，各种新思维新想法都是在论坛里面碰撞出来的。开放创新的氛围让论坛吸引了越来越多的同行加入，使得资本市场论坛成为业内资本市场部最大的交流平台。

　　这是我对于资本市场论坛的一点感悟，愿论坛越办越好，愿资本市场越来越好。最后，再次强烈推荐该书，干货很多，速速读起来吧！

鹿秀金融董事长　幺博

2016 年 5 月

　　资本市场的成长需要时间，需要试错，需要各参与主体的智慧理性。迂回曲折，来回反复，上下左右，这是一个大市场的成长必须经历的痛苦和积淀。领悟不在瞬间，成熟不能一时，正如罗马非一日建成。身处其中，有时会忍不住抱怨这个市场的种种不完善，但如果把时间拉长来看，这个市场所取得的成绩却更是难以磨灭的。做一个资本市场的建设者，哪怕是点点滴滴，也是添砖加瓦，念念不忘，贵在坚持，定有回响。认识程前女士和她的伙伴们，就是这样一群勤奋执着的资本市场建设者，我年复一年地被她们的作为和贡献感动着。

　　联想到我的本行，同样是资本市场中的一个从业者，专注于上市公司投资者关系管理事业的研究和推动，我也特别欣喜地感受到近年来这个事业如春起之苗蓬勃发展。上市公司正成为这个市场中最大的建设者，其投资者关系管理工作也应是这个大市场成长和成熟的过程中需要修为的必要一环，它是上市公司的公众公司思维成型落地的基本标志，更是整个市场正在走向规矩规范的见微知著的重要风向。

中央经济工作会议提出"开放、共享"等理念，开放和共享是当今世界经济发展的主旋律，是互联网革命带给人类的行为方式和思维方式的最大变化，而在我看来，开放共享也应是上市公司投资者关系管理工作的根本指南。一个健康市场的前提是让股东和投资者有足够的知情权，清晰地了解和掌握上市公司的过去、现在和将来，如若没有阳光化透明化的信披机制和人性化的投资者关系管理，则尊重股东和尊重投资者永远是一句口号和一纸空文。唯有开放共享，上市公司才可去除一些神秘和障眼之物，防止股价恶炒；唯有开放共享，上市公司才可团结核心投资者，防止股价恶跌；唯有开放共享，上市公司才可赢得投资者对其的信任和信心，才可有健康的可持续的市值最大化。开放会有回报，共享会有共赢，"think big，begin smart"，上市公司市值建设这一重大课题从投资者关系开始迈步。

万千想法，只表达成最简单真挚的祝愿：愿所有的建设都有回报，愿资本市场终如一个壮小伙一样健康强壮！

润言投资咨询有限公司总经理　连春晖

2016 年 5 月

浅析可交换债券：新产品新机遇

新三板市场实务问答

新形势下投行服务形式的转型

浅析可交换债券：新产品新机遇

程　前　瑞银证券董事总经理、股票资本市场部主管

张　阳　瑞银证券资本市场部董事

王建忠　国信证券投资银行资本市场部发行经理

高丽嵩　华泰联合证券业务董事

随着沪深交易所相继发布可交换债券业务实施细则，"可交换债券"在上市公司中悄然兴起，这一种在国外已经非常成熟的金融品种近两年逐步进入了发行人和投资者的视野。可交换债券作为对存量股权的一种盘活方式，在融资的同时对股市的冲击较直接减持股票明显更小，可满足不同投资者的投资需求。本文系统地介绍了可交换债券这一产品的基本概念、发行目的、监管法规、发行流程，同时将之与可转换债券以及其他相关融资方式进行了对比，并在梳理可交换债券基本条款设置的同时对市场上已经发行的公募及私募可交换债券进行了数据整理和统计，旨在使读者更全面理解这一产品的历史和特点，以及目前可交换债券的市场状况。

作者简介

程　前　自加入瑞银证券有限责任公司以来，先后主持完成了西部矿业首次公开发行项目，中国石油、中海集运以及中国太保 A 股三个首次公开发行项目，独立承揽并主持完成了瑞银证券首个非公开发行项目——中金黄金 40 亿元非公开发行项目。2009 年，相继承揽并主持完成了中金黄金 20 亿元企业债项目，浦发银行 150 亿元非公开发行项目以及瑞银证券首个公开发行项目——新兴铸管 35.1 亿元公开增发项目，民生银行 46 亿美元香港首次公开发行项目，招商证券 111 亿元 A 股首次公开发行项目以及中国太保 31 亿美元人民币 H 股首次公开发行项目。2010 年，又先后主持完成了交通银行 327.73 亿元 A＋H 配股、际华集团 40.5 亿元 A 股首次公开发行、兴业证券 26.3 亿元 A 股 IPO（首次公开发行股票）、南方航空 100 亿元 A 股非公开发行项目、工商银行 448.47 亿元 A＋H 配股项目、国电电力 95.7 亿元公开增发项目、中石化 230 亿元 A 股可转债发行。2011 年至今，在川投能源 21 亿元可转债发行、庞大集团 63 亿元 A 股

IPO、比亚迪 14.22 亿元 A 股 IPO、中金黄金 28 亿元非公开发行、国电电力 55 亿元可转债发行、国投电力 21.8 亿元公开增发、新华保险 18.9 亿美元 A＋H 首次公开发行、中国南车 88 亿元非公开发行、川投能源 20 亿元公开增发、福田汽车 49 亿元非公开发行、交通银行 566 亿元 A＋H 非公开发行、西安民生 9.7 亿元 A 股非公开发行、民生银行 200 亿元可转债、云南冶金 30 亿元股权融资、四川路桥 23 亿元非公开发行、西部建设 6 亿元非公开发行、贵人鸟 9.4 亿元首次公开发行、精工钢构 8.45 亿元非公开发行、中钢国际 11.71 亿元非公开发行、新湖中宝 54.99 亿元非公开发行、南京医药 10.60 亿元非公开发行、三元股份 40.00 亿元非公开发行、仪征化纤 60 亿元非公开发行、宝钢股份 40 亿元可交换债、春秋航空 18.16 亿元 IPO、东兴证券 45.90 亿元 IPO、老百姓 10.99 亿元 IPO、中国核电 131.90 亿元 IPO、中国中铁 120 亿元非公开发行以及华电国际 71.47 亿元非公开发行等项目中做出了杰出贡献。

张　阳　瑞银证券资本市场部董事，曾在建设银行、信达证券任职工作。先后负责过中国核电 163 亿元 IPO、华电国际 71 亿元非公开发行等 20 余个首发和再融资项目，具有 15 年资本市场和商业银行从业经验。

王建忠　国信证券资本市场部发行副总监，江西吉安人，研究生学历，毕业于厦门大学。拥有近 10 年证券行业从业经验，长期从事国内证券股权、债券融资方面工作，拥有数百个项目实操经验，并专注于 IPO、定向增发、公司债券等项目研究。

高丽嵩　华泰联合证券业务董事，从事投资银行相关工作 5 年，主导或参与了九洲集团可交换债券、美克投资可交换债券、新钢集团可交换债券、歌尔声学可交换债、蓝色光标可转债、齐翔腾达可转债、东华软件可转债、中弘股份非公开、利亚德非公开发行、东华软件非公开发行、友邦吊顶 A 股 IPO 等项目执行或发行工作。

一、可交换债券简介

（一）可交换债券相关概念

1. 可交换债券的定义

可交换债券是指上市公司的股东依法发行，在一定期限内依据约定的条件可以交换成该股东所持有的上市公司股份的债券品种。可交换债券是基于可转换债券的一种创新产品。可交换债券的持有人有权按一定条件将债券交换为标的公司的股票，在此之前可定期获得如纯债一样的票息，而若持有到期未行权则可获得到期本息偿付。

当公司股价高于约定的换股价时，可交换债券的持有者若选择行使交换权，即可交换发行人手中的股票，发行人因此实现了溢价减持。而当公司股价低于约定的换股价时，可交换债券的持有者若选择放弃交换权，由于可交换债券的票面利率一般较同等级债券的票面利率低，甚至不设到期补偿利率，则发行人以标的股票为抵押而进行了一次低成本债券融资。

2. 可交换债券的发行目的

可交换债券诞生于 20 世纪 70 年代，在海外是发行人常用的多元化融资与灵活股权投资管理工具，在境内市场尚属创新产品，有助于上市公司股东盘活存量资产、拓宽融资渠道。

具体而言，可交换债券的发行具有以下几方面的作用。

（1）减持标的股票。减持标的股票是发行人发行可交换债券最常见的原因，除了最常见的做法即直接卖出股票外，发行人多基于减持成本等考虑发行可交换债券。减持的目的多种多样，母公司基于股权结构调整的目的减持子公司股权比较常见。一些公司也将可交换债券作为 PE 投资退出的机制。发行人基于其信息优势或对股票价值的理解，发行可交换债券以把握估值不合理的机会。

（2）财务流动性管理。可交换债券与传统可转债券相似，通过给予投资者一定的交换期权，使得其发行票息明显比一般债券低。因此，通过将这些股权作为抵押融资，可以实现存量股权资产的盘活，帮助公司实现财务上的流动性管理。

（3）股债结合型的金融工具。可交换债券投资群体与普通股票、债券有差异。因此，通过发行可交换债券可以扩大产品的需求群体。可交换债券风险明显较股票低，更容易得到保守投资者的青睐。作为兼具"债性"和"股性"的可转换类债券工具，可交换债券既有较好的纯债保底，又可博取正股向上的收益机会。

（4）税收调节作用。理论界从税收角度考虑，认为可交换债券具有一定的税收优势，主要是发行人可通过发行可交换债券推迟资本利得的实现（只有在获取更高收益的情况下才确认收益并纳税）以及利用税法进行套利，但并未获得统计数据上的支持。

（5）缩短审批时间，提高融资效率。非公开发行的可交换债券，审批权限在交易所，大大缩短了审批时间，提高了发行人的融资效率。

3. 比较

（1）与可转换债券的比较。作为市场上非常相似的两种产品，可交换债券与可转换债券之间差别的根源在于发行人的不同诉求，其具体的对比如表1所示。

表 1 可交换债券与可转换债券的对比

	可交换债券	可转换债券
票面利率	利率一般不超过银行同期存款的利率水平	利率一般不超过银行同期存款的利率水平
换/转股价	换股价相对较高，发行人不愿轻易减持标的股，同时过低的溢价率会传递出发行人急于减持标的股的负面信号	转股价较正股前 20 日和前 1 日均价上浮幅度很小，以便顺利发行并尽早实现转股，同时还有大股东一二级套利诉求
转换期	自发行之日起 12 个月后	自发行之日起 6 个月后
存续期限	1～6 年	3～6 年
发债主体	上市公司股东	上市公司
股权稀释	存量股权的转移，对现有股权没有稀释效应	对正股产生压力，增加二级市场股票实际流通市值，尤其是对交易量较小的创业板股
促转股意愿	根据条款的设置而不同，若发行可交换债券的目的是为减持标的股票，则有较强的换股意愿，一般情况下相对较弱	有较强的促进转股意愿
发行条件	公司最近一期末的净资产额不少于人民币 3 亿元；公司最近 3 个会计年度实现的年均可分配利润不少于公司债券一年的利息；本次发行后累计公司债券余额不超过最近一期末净资产额的 40%（仅适用于公开发行）	最近 3 年连续赢利，且最近 3 年净资产利润率平均在 10% 以上；可转换公司债券发行后，资产负债率不高于 70%；累计债券余额不超过公司净资产额的 40%；核查在最近 3 年特别在最近 1 年是否以现金分红，现金分红占公司可分配利润的比例，以及公司董事会对红利分配情况的解释以及发行人最近 3 年平均可分配利润是否足以支付可转换公司债券 1 年的利息等

续　表

	可交换债券	可转换债券
发行规模	发行不超过预备用于交换的股票按募集说明书公告日前20个交易日均价计算的市值的70%	不少于人民币1亿元
标的股票要求	该上市公司最近一期末的净资产不低于人民币15亿元，或最近3个会计年度加权平均净资产收益率平均不低于6%；应当为无限售条件股份（仅适用于公开发行）	发行人正股
发行价格	上市公司股东和保荐人通过市场询价或定价确定	上市公司股东和保荐人通过市场询价确定
赎回条款	上市公司股东可以按事先约定的条件和价格赎回尚未换股的可交换公司债券	上市公司股东可以按事先约定的条件和价格赎回尚未换股的可转换公司债券
回售条款	债券持有人可以按事先约定的条件和价格将所持债券回售	债券持有人可以按事先约定的条件和价格将所持债券回售
转股价修正	事先约定交换价格及其调整、修正原则，若修正则必须事先补充提供预备用于交换的股票	因配股、增发、送股、分立及其他原因引起发行人股份变动的，应同时调整转股价格

续　表

	可交换债券	可转换债券
抵押担保方式	上市公司大股东发行可交换债券要以所持有的用于交换的上市的股票做质押品，除此之外，发行人还可另行为可交换债券提供担保	发行可转换公司债券，要由第三方提供担保，但最近一期末经审计的净资产不低于人民币15亿元的公司除外
信用风险和股价波动的来源	不同，基础债券为上市公司股东发行的债券	相同，基础债券为上市公司自身发行的债券
发行方式	分为公开发行和私募两种形式	通常为公开发行
投资者群体	投资者群体比可转债略窄	投资者群体相对宽泛

通过以上的对比，可以看出可交换债券的发行具有成本低、资金使用灵活、产品设计灵活等优势。

（2）与其他融资方式的比较。作为标的股票的股东，与标的股票相关的融资方式主要有可交换债券融资、商业银行股权质押、券商质押式回购融资和大宗减持。

作为性质相似的融资方式，可交换债券与商业银行股权质押以及券商质押式回购的区别如表2所示。

表2　　　可交换债券与商业银行股权质押以及券商质押式回购的区别

	可交换债券融资	商业银行股权质押	券商质押式回购
股票质押率	100%，无须打折	一般按照市价打3~5折，略高于券商质押式回购	一般按照市价打3~5折
利率	3%~7%	7.5%~9%	8%以上
融资期限	1~3年	一般不超过两年短期融资	一般不超过两年短期融资
资金监管	无	严格的资金监管	较弱
补仓要求	可设置较为宽松的补仓线	严格的补仓条款	严格的补仓条款，不及时补仓面临平仓可能性
质押物处置	交换	根据借款协议规定，质押物处置程序较为复杂	可通过交易系统直接处置
投资者群体	关注公司经营风险的定价及成长性，愿意承担风险，与公司共同成长	赚取固定收益的信贷资金，对公司经营情况不关心	赚取固定收益的投资者，仅关心信用风险

通过对比可以看出可交换债券相比于股权质押和券商质押式回购具有利率更低、质押率更高、更长的融资期限和更宽松的补仓要求等优势。

而作为一种交易方式，可交换债券与大宗减持的对比情况如表3所示。

表3	可交换债券融资与大宗交易减持的对比	
	可交换债券融资	大宗交易减持
减持时间	限售期可以完成债券发行	限售期不能减持
融资现金流	直接获取融资正现金流，且不丧失控制权及未来股价上涨所带来的预期收益	虽获取现金流，但如果目前股价较低、后续股价预期上涨，则面临较大潜在利益损失
减持价格	不低于市价交换，可以溢价减持	常打折交易
对市场价格影响	分批换股，对二级市场价格冲击较小	严格的资金监管

（3）公开发行和非公开发行可交换债券的比较。目前，市场上可交换债券的发行有公开发行和非公开发行两种方式，这两种可交换债券有着以下几个方面的区别，如表4所示。

表4	公开发行和非公开发行可交换债券的区别	
	公开发行的可交换债券	非公开发行的可交换债券
发行人	A股上市公司股东，是有限责任公司或者股份有限公司	中小微企业
审批	证监会审批	交易所备案
主要门槛	• 净资产不低于3亿元 • 最近3年年均可分配利润不少于公司债券一年的利息	• 发行人符合交易所中小企业私募债券业务试点办法中关于发行人的要求

续　表

	公开发行的可交换债券	非公开发行的可交换债券
主要门槛	● 发行后债券余额不超过净资产的 40% ● 标的股票的公司净资产不低于 15 亿元或者近 3 个年加权平均净资产收益率平均不低于 6% ● 股票不存在限售或其他与交换冲突的情况	● 待交换股票为上市公司股票 ● 股票在换股期不存在限售或其他与交换冲突的情况
担保/评级要求	以股票质押，可交换债券须经资信评级机构评级，信用状况良好	以股票质押，无评级要求
期限、金额要求	1~6 年，发行金额不高于待交换股票市值的 70%	1 年以上
转股、赎回、回售条款要求	换股价不低于前 20 日和前 1 日交易均价，1 年后可换股，可设置赎回、回售条款	换股价不低于前 20 日和前 1 日交易均价的 90%，6 个月后可换股，可设置赎回、回售条款
下修	无须通过股东大会，但要保证质押股票数量不低于待交换量	可设置，依募集说明书
流通/交易	深交所全价，上交所净价	转让

4. 历史发行情况

2008 年，证监会发布了《上市公司股东发行可交换公司债券的规定》，当时意在借助可交换公司债券的特征解决大小非减持问题，为大小非提供融资途径，并通过市场机制解决股权卖出时机问题，从而减小对股市的冲击。时至今日，我国可交换债券在盘活存量的背景下已有了新的内涵，私募与公募形式的可交换债券均已出现。

截至 2015 年 9 月 30 日，A 股市场共发行可交换债券 10 起，均为固定利率，其中 2013 年 1 起，2014 年 3 起，2015 年至今 6 起；发行规模总计 96.31 亿元。可交换债券在我国尚属刚刚萌芽，发行并不普及，但市场前景十分广泛。

我国 A 股市场上已经发行的可交换债券情况如表 5 所示。

表5　我国A股市场上已经发行的可交换债券情况

标的股票	发行人	上市日期	发行规模（亿元）	期限（年）	票面利率（%）	审核周期（天）	标的股票占总股比例	最新余额（万元）	转股起始日	初始换股价（元）	发行前日收盘价（元）	较前日收盘价溢价	担保方式	信用等级
公开发行														
601336.SH 新华保险	宝钢集团有限公司	2014/12/24	40.00	3.00	1.50	265	35.02%	400000.00	2015/12/12	43.28	39.58	9.35%	质押担保	AAA
600535.SH 天士力	天士力控股集团有限公司	2015/7/2	12.00	5.00	1.00	310	7.58%	120000.00	2016/6/8	57.00	54.58	4.43%	质押担保	AA+
平均值					1.25	287.50	21.30%					6.89%		
私募														
000413.SZ 东旭光电	东旭集团有限公司	2015/9/1	15.00	2.00	7.30	31	43.07%	150000.00	2016/7/29	12.00	8.29	44.75%	不可撤销连带责任担保	
300227.SZ 光韵达	深圳市光韵达实业有限公司	2015/4/14	2.48	1.00	9.00	26	31.11%	24750.00	2015/9/23	22.50	24.11	-6.68%	不可撤销连带责任担保	
002344.SZ 海宁皮城	浙江卡森实业集团有限公司	2015/1/28	2.16	2.00	7.50	36	46.15%	13509.34	2015/6/29	18.00	15.32	17.49%	不可撤销连带责任担保	AA

标的股票	发行人	上市日期	发行规模（亿元）	期限（年）	票面利率（%）	审核周期（天）	标的股票占持股比例	最新余额（万元）	转股起始日	初始换股价（元）	发行前日收盘价（元）	较前日收盘价溢价	担保方式	信用等级
002241.SZ	歌尔声学 潍坊歌尔集团有限公司	2014/10/16	12.00	3.00	2.50	93	13.91%	6689.30	2015/3/19	28.70	28.70	0.00%	质押担保	
002344.SZ	海宁皮城 海宁市资产经营公司	2014/8/14	3.60	2.00	7.30	30	4.71%	35760.05	2015/7/31	18.00	13.13	37.09%	质押担保	AA+
002677.SZ	浙江美大 美大集团有限公司	2015/3/6	4.50	2.00	5.00	38	14.81%	0.00	2015/7/29	24.88	24.88	0.00%	不可撤销连带责任担保	
002684.SZ	猛狮科技 汕头市澄海区沪美蓄电池有限公司	2015/2/6	2.00	1.00	9.00	56	19.45%	0.00	2015/6/12	28.26	31.40	−10.00%	不可撤销连带责任担保	
300139.SZ	福星晓程 武汉福星生物药业有限公司	2013/10/31	2.57	1.00	6.70	17	100.00%	0.00	2014/4/14	25.65	25.65	0.00%	不可撤销连带责任担保	AA
平均值					6.71	42.29	32.88%					5.42%		

注：瑞银证券担任了宝钢集团40亿元可交换公司债发行的主承销商。

（二）可交换债券的投资价值

尽管可交换债券与可转债产品在投资特性等方面具有非常强的相似性，具有"进可攻、退可守"的特性，但由于发行人、发行目的不同，可交换债券与传统转债"形似而神不同"。反映在投资特性上，两者最大的差别在于促转股意愿。投资者无法用赎回价格来锚定可交换债券当前价值，估值上应较相似转债有所折扣。如果股价暴跌，可交换债券有可能沦为纯债券，与传统转债的估值差距将较大。

具体而言，可交换债券的价值体现如图1所示。

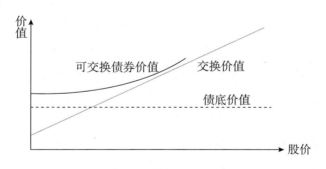

图1 可交换债券的价值

至于影响可交换债券投资价值的因素，我们可以根据其效果分为两类，具体内容如表6所示。

表6 影响可交换债券投资价值的因素

正面影响因素	负面影响因素
可交换债券增加了实际流通股数，会对正股价格具有一定冲击，但小于传统可转债	转股价修正和回售条款保护不强或缺失
可交换债券的信用状况主要依赖于发行人，因此除发行人还本付息义务外，每一只可交换债券都有股权质押作为双重增信措施，信用资质无忧	发行人缺少促进转股的意愿和能力
可交换债券的初始溢价率高，赎回条款和动机相对较弱，因此存续时间可能比一般转债长	信息不对称和跟踪成本高
	由于投资群体稍狭窄，流动性略差，换股可能比较集中

　　总体而言，在同等条件下可交换债券估值与一般转债相比相对较低。但是具体的折价幅度存在很大的不确定性，与平价水平、市场情绪、供求状况等均有关。如果股价暴跌，可交换债券有可能沦为纯债券，与传统转债的估值差距将较大。平价高时，由于赎回条款约束少，相较转债甚至会有溢价；市场情绪越好、供求状况越紧张，估值与转债差异越小。

二、可交换债券的监管法规

在我国，可交换债券的产生主要是为了解决因股权分臵改革而产生的大小非解禁问题。大股东通过发行可交换债券对所持债券进行减持，不仅可以提前获得减持资金，还可以避免由于集中大量减持对股价带来的压力，比在二级市场直接抛售股票具有明显优势，可交换债券的产生对顺利解决大小非解禁问题具有重要意义。随着各种监管、交易规则的落地，可交换债券卷土重来，日渐活跃。

可交换公司债券兼具股债的特点，且不涉及新股发行，仅是债券发行和潜在的老股转让。因此，从发行人产品设计，到审批机构审核，再到发行操作与披露环节，均视为"债券发行"，直到投资者估值才凸显其股性。因此，可交换债券的发行需要遵守我国公司债券上市及交易规则，包括《上海证券交易所非公开发行公司债券业务管理暂行办法》和《深圳证券交易所非公开发行公司债券业务管理暂行办法》。

除此之外，我国对于可交换公司债券的发行还有着如表 7 所示的特殊规定。

表7　　　　　我国对于可交换公司债券发行的特殊规定

日期	事项
2008/9/5	证监会发布《上市公司股东发行可交换公司债券的规定（征求意见稿）》
2008/10/17	证监会发布《上市公司股东发行可交换公司债券试行规定》
2009/6/24	国资委发布《关于规范上市公司股东发行可交换公司债券及国有控股上市公司发行证券有关事项的通知》
2013/5/31	深交所发布《关于中小企业可交换私募债券试点业务有关事项的通知》
2014/4/18	证监会明确可交换债券审核流程（《中国证监会发行监管部再融资审核工作流程》）
2014/6/17	上交所公布《上海证券交易所可交换公司债券业务实施细则》
2014/8/11	深交所公布《深圳证券交易所可交换公司债券业务实施细则》

　　总体上而言，上交所、深交所分别公布的《上海证券交易所可交换公司债券业务实施细则》和《深圳证券交易所可交换公司债券业务实施细则》均包括了核准机构、发行人信息披露、债券发行期限、发行规模、换股、赎回和回售等内容，对于可交换债券的发行做出了具体的规定。

三、可交换债券条款分析

（一）基本债券条款设置

1. 发行规模：单只发行规模受发行人持股数量及负债率影响

2015 年以前发行的可交换私募债发行规模集中于 5 亿元以下，2015 年以来可交换债券的单只发行规模有明显的提高，东旭光电私募债一期、二期分别达到 16 亿元、15 亿元。

2. 期限结构：3 年以内为主

目前，已经发行的可交换私募债期限均为 3 年以内。

3. 票息分布：票息预计低于同期限、同评级企业债，高于同类的可转债，且相比股权质押融资有优势

可交债的票息在 2.5% ~ 9%，相比于券商的股权质押融资成本更低。目前，我国可转债的票面利率平均在 0.5% ~ 2%，且前

低后高，由于可交换债券的换股价存在溢价，可能降低看涨期权的价值，并使得发行初期换股价值较低，发行人可能为了提高可交换债券的吸引力而提高票面利率。预计可交换债券的票面利率会高于可转债，但可能仍低于同期限、同评级企业债的利率。

4. 担保措施：股票质押以及发行人实际控制人连带责任担保

可交换债券最重要的担保措施为股票质押。通常描述为"准备用于交换的一定数量的标的股票及其孳息质押给债券受托管理人用于对债券持有人交换股份和债券本息提供担保"。

质押担保比例：用于质押担保的股票按照发行时的收盘价或是发行前 N 个交易日均价计算的市值与可交换债券发行额的比例。目前，已经发行的可交换私募债的初始质押担保比例在 100% ~ 120% 。

维持担保比例：在一定时间内（如存续期或换股期），随着标的股票股价的变动，应当维持的担保比例。目前发行的可交换私募债中，大部分规定了维持担保比例，维持担保比例多在 80% ~ 120% 。

追加担保机制：当维持担保比例不满足时，质权人对出质人的要求机制。如 14 歌尔债规定："当担保比例连续 10 个交易日低于120%时，质权人有权要求出质人在20个交易日内追加担保以保证担保比例不低于120%。"

除了以标的股票作为质押，很多的私募可交换债券同时增加了发行人实际控制人对债券的无条件连带责任。

（二）基本股权条款设置

1. 换股条款：换股价、换股期、标的股票限售要求

换股价：不低于公告募集说明书日前20个交易日公司股票均价和前1个交易日的均价（私募可交换债券：90%），且一般都有上浮溢价。

换股期：多为发行后六个月。

标的股票限售要求：公募可交换债券要求在申请发行时不为限售股，而私募可交换债券仅需在换股期不为限售股，这一点使得发行人可实现利用尚在限售期的股权进行融资。

2. 赎回条款：换股期前与换股期内的区别

可交换债券通常设置了在换股期内的赎回条款，类似于一个强制的转股条款。此外，相比于可转债，可交换债券在赎回条款

方面做了一个更新，开发了换股期前的赎回条款。

换股期前赎回条款：赋予了发行人在股价超过一定价格满足一定条件的情况下，可以赎回交换债的权利，同时一般给予持有人一定的利息补偿。对于发行人而言换股期前的赎回条款使得发行人在股价上涨时可以选择赎回，而采用其他的更高价格减持股票，对发行人有利；对持有人而言相当于一个敲出期权，如若股价大幅上行反而是不利的。

3. 回售条款：可交换债券的回售条款严于可转债

回售条款为持有人在股价持续低于换股价的情况下提供了一定的保护，不过可交换私募债的回售条款通常设置比较严格，主要体现在回售期短，而且回售条件相对较为严格。从目前已发行的可交换私募债来看多数交换债设置的回售条款期限为到期前3个月内。

4. 修正条款：私募可交换债券只需董事会通过可修正换股价

修正条款的设置与转债相比条件较为类似，不同点在于私募可交换债券修正程序通常只需要公司董事会通过即可，公募可交换债券的转股价修正则需要股东大会的通过。目前已经发行的私募可交换债中东旭光电一期已经下修过一次换股价。

（三）具体债券案例分析——以东旭集团私募可交债为例

1. 可交换公司债质押率、维持担保比例部分

质押担保比例：发行时用于质押的股份市值不低于本期可交换公司债券发行规模的110%。

维持担保比例：本期可交换公司债券交换期间内，担保比例应当不低于本期可交换公司债券本息合计的80%。

追加担保机制：若交换期内标的股票价格出现大幅下跌导致连续15个交易日担保比例低于80%，发行人须在触发该事项之日起20个交易日内向质押专用证券账户追加标的股票和（或）直接追加现金，使得担保比例达到100%水平或以上。

在上述20个交易日内，若担保比例未能恢复到100%水平或以上，受托管理人应当在该20个交易日届满之日起的10个交易日内召集债券持有人会议，由发行人提供第三方担保方案或提供其他增信措施，上述担保方案或增信措施须经出席会议的债券持有人（包括债券持有人代理人）所持表决权二分之一以上同意方为有效。

若发行人无法提供第三方担保方案或提供其他增信措施，或

相关方案被债券持有人会议否决，则债券持有人有权按照债券面值及应计利息向发行人回售所持剩余债券。

【分析】发行人以所持上市公司股票为本次发行提供质押担保为可交债常规设计，110%的初始担保比例及80%的维持担保比例亦为常见及合理的设计阈值。相关设定一方面能够有效盘活发行人存量资产，免于给发行人带来过重的发行负担；另一方面通过将用于交换的股票及其孳息质押给受托管理人，对债券持有人交换股份和本期债券本息偿付提供了有效担保，有利于保障本次发行的顺利完成。

同比其他股权质押融资方式，质押比例通常要求200%及以上，另需设警示线180%左右，平仓线150%左右，远大于可交换债设定的质押率要求。

2. 可交换公司债换股条款部分

（1）本期可交换公司债券进入换股期的时点为以下两者中的较晚者：A. 发行结束之日起满12个月的第一个交易日；B. 东旭光电2015年定增方案获批且实施满6个月后的第一个交易日。换股期至本期可交换公司债券摘牌日止。

若东旭光电2015年定增方案在本期可交换公司债券发行结束之日起满15个月的第一个交易日仍未实施完成，鉴于该情形的发生将可能使投资者换股期缩短或无法换股，为保证投资者利益，发行人将对投资者提供补偿，赋予投资者回售权，即投资者有权在可交换公司债券到期前 5 个交易日按照债券面值的 111%（含应计利息）回售给发行人。发行人应当在可交换公司债券到期前 5 个交易日前至少进行 3 次回售提示性公告，公告将载明回售程序、回售价格、付款方法、付款时间等内容。

若东旭光电 2015 年定增方案在本期可交换公司债券发行结束之日起满 15 个月后至本期债券摘牌日前 6 个月内实施完成，则投资者可选择在东旭光电定增方案实施满 6 个月后进行换股，也可选择在可交换公司债券到期前 5 个交易日按照债券面值的 111%（含应计利息）回售给发行人。

【分析】非公开发行可交换公司的换股期通常为发行结束之日起满 6 个月，本期可交债通过对换股期的灵活设计，有效兼顾了东旭光电定向增发以及投资者换股的时间安排。换股价格待发行时协商确定，其价格的高低与发行人换股意愿息息相关，且初始换股价的设定将直接影响本期债券的发行利率以及投资者参与认购的积极性。换股价格的设定可在法律规定的底线上进行设置（初始换股价格不低于发行日前 20 个交易日标的股票收盘价均价的 90% 和前 1 个交易日标的股票交易收盘价的 90%），因此可以在市价基础上打折、平价甚至溢价发行。相比发行人通过大宗交易方式减持,更为有效地提高了发行人存量资产的使用效率。

(2)在本期可交换公司债券进入换股期前 10 个交易日中至少有 5 个交易日的收盘价低于初始换股价格的 70% 时,本期可交换公司债券的初始换股价格将自动向下修正,修正后的换股价格不超过《东旭集团有限公司 2015 年非公开发行可交换公司债券换股价格自动修正的提示性公告》公告日前 20 个交易日收盘价均价及前 1 日收盘价中较高者的 130%。

除上述情形以外,在本期可交换公司债券换股期内,当标的股票在任意连续 15 个交易日中至少 7 个交易日的收盘价低于当期换股价格的 90% 时,发行人董事会有权在 5 个交易日内决定换股价格是否向下修正,若发行人董事会不行使向下修正权利,满足触发条件后 10 个交易日内不得再次做出向下修正决议。修正后的换股价格应不低于该次董事会决议签署日前 20 个交易日东旭光电股票收盘价均价的 90% 和前一交易日的东旭光电股票交易收盘价的 90%。

【分析】向下修正条款是可交债中普遍采取的条款,目前除新华保险可交换债未设置该条款外,其余所有均设置了该条款。该条款可满足在股价下行时,发行人仍希望通过换股以达到减持和减轻偿债负担的目的。同时,有利于投资者在股价下行时,仍有机会通过换股实现超额收益。

需提请注意的是该条款的使用与回售条款的制约相关。向下修正换股价格是发行人的权利，可选择行使或者不行使，但回售条款的存在使发行人在一定程度上受到制约。因此，通常在条款设计时，向下修正条款的触发条件比回售条款更为宽松。

根据本次可交债发行方案，投资者被赋予了在股价大幅下调时（本期债券存续期最后三个月内，当标的股票在任意连续 30 个交易日中至少 20 个交易日的收盘价低于当期换股价格的 60% 时）向发行人以债券面值的 110%（含应计利息）回售的权利，因此如在股价大幅下跌时不向下修正换股价格，发行人将面临被投资者强制回售的情况。

3. 可交换公司债赎回条款部分

换股期内，当下述情形的任意一种出现时，发行人有权决定按照债券面值的（100% + 应计利息）赎回全部或部分未换股的本期可交换公司债券：A. 换股期内，如果东旭光电股票价格任意连续 10 个交易日中至少有 5 个交易日的收盘价不低于当期换股价格的 130%，发行人董事会有权在 5 个交易日内决定是否赎回；B. 本期可交换公司债券余额不足 5000 万元时。

【分析】从发行人的利益角度出发，本期债券在换股期内设计了赎回条款，在标的股票股价大幅上涨的前提下，赋予发行人

29

按照债券面值的（100% + 应计利息）赎回全部或部分未换股的本期债券的权利，使得发行人得以留存股价大幅上涨情况下的收益。

而"本期可交换公司债券余额不足 5000 万元时"为可交债常规条款，以减轻发行人在发行后进行持续跟踪及信息披露的压力。

4. 可交换公司债回售条款部分

回售条件：本期可交换公司债券存续期最后 3 个月内，当标的股票在任意连续 30 个交易日中至少 20 个交易日的收盘价低于当期换股价格的 60% 时，发行人在回售条件触发次日发布公告，债券持有人有权在公告日后 10 个交易日内将其持有的本期可交换公司债券全部或部分按照债券面值的 110%（含应计利息）回售给发行人。若在上述交易日内发生过换股价格因发生送红股、转增股本、配股以及派发现金股利等情况而调整的情形，则在调整前的交易日按调整前的换股价格和收盘价格计算，在调整后的交易日按调整后的换股价格和收盘价格计算。

若出现换股价格向下修正的情况，则上述"连续 30 个交易日"须从换股价格调整之后的第 1 个交易日起重新计算。

若东旭光电 2015 年定增方案在本期可交换公司债券发行结

束之日起满 15 个月的第一个交易日仍未实施完成，则债券持有人有权在可交换公司债券到期前 5 个交易日按照债券面值的111%（含应计利息）回售给发行人。

若东旭光电 2015 年定增方案在本期可交换公司债券发行结束之日起满 15 个月后至本期债券摘牌日前 6 个月内实施完成，则投资者可选择在东旭光电定增方案实施满 6 个月后进行换股，也可选择在可交换公司债券到期前 5 个交易日按照债券面值的111%（含应计利息）回售给发行人。

【分析】回售条款是可转债、可交债普遍设置的条款。该条款的设置主要是为了保护投资者利益。在股价大幅下行情况下，如果投资者无法通过换股实现超额收益，除了获得票面收益外，通过回售条款也可获得一定的收益补偿。但是该条款的设计使得发行人有可能面临被投资者强制回售的情况，会对发行人造成一定的资金压力。

（四）具体债券案例分析——以新华保险公募可交债为例

1. 票面利率部分

本次债券为固定利率，在债券存续期内固定不变，采取单利按年计息，不计复利。本次债券采取网上与网下相结合的发行方式，票面利率由本公司与保荐机构（牵头主承销商）根据网下利率询价结果在预设利率区间内协商确定。本次债券票面利率为1.50%。

付息日：每年的付息日为本次发行的可交换债发行首日起每满一年的当日，如该日为法定节假日或休息日，则顺延至下一个交易日，顺延期间不另付息。每相邻的两个付息日之间为一个计息年度。

【分析】利率条款方面，最初可换债募集说明书并未规定具体票面利率，仅给出利率预设区间1.50%~3.50%，最终利率采用 $T-1$ 日网下向机构投资者询价方式确定，发行日 T 日公布最终确定的利率结果为1.50%。此种安排更加类似于公司债票面利率的确定方式，与可转债差别较大。

由于可交换债具有债券＋期权的特征，因此其票面利率显著低于同评级同期限的企业债。但是与可转债相比，其前3年的利率下限1.50%高于绝大多数目前可交易转债（仅低于徐工、齐翔、南山），其次宝钢可交换债3年发行期利率相同，而可转债一般采用逐年递增方式，整体看此单可交换债利率较高，可能受到其偏债特性影响。

2. 可交换公司债换股条款部分

本次可交换债换股期限自可交换债发行结束日满 12 个月后的第 1 个交易日起至可交换债到期日止，即 2015 年 12 月 12 日至 2017 年 12 月 9 日止。如为法定节假日或休息日，则顺延至下一个交易日。

本次发行可交换债的初始股价格为 43.28 元/股，不低于公告募集说明书日前 1 个交易日、前 20 个交易日、前 30 个交易日新华保险 A 股股票均价中的最高者（若在前述交易日内发生过因除权、除息引起股价调整的情形，则对调整前交易日的交易价格按经过相应除权、除息调整后的价格计算）。

换股时不足交换为一股的可交换债余额，公司将按照上交所、证券登记机构等部门的有关规定，在可交换债持有人换股当日后的五个交易日内以现金兑付该可交换债余额。该不足交换为一股的可交换债余额对应当期应计利息的支付将根据证券登记机构等部门的有关规定办理。

【分析】换股期为发行后 12 个月至到期日，换股锁定期较长，这一设定也与证监会倾向可交换债偏债性的想法相吻合。初始换股价 43.28 元。

此单可交换债条款上最大的特点便是不设换股价下修、回售和提前赎回条款，这样的设定等于除去了人为设定的可交换债价格的上下限，由于无下修和回售条款，可交换债对债权人的保护较弱，但考虑到发行人宝钢集团自身资质较高，且担保倍数达到1.57，因此投资者不必为此单可交换债的信用风险有过多担忧，此外未设定提前赎回条款也打开了可交换债价格向上的空间。

我们看待转债正股时，一向从促转股能力、意愿和正股波动等角度加以考察。而可交换债发行人缺少促转股的意愿，因此估值在同等条件下应低于转债品种，且平价水平越低，这种差别应该越大。此外，可交换债投资群体目前小于转债，其中保险机构投资可交换债还需要保监会的认定（原则上视同公司债或转债），部分金手指系统用户还存在一定的后台系统障碍。而且，可交换债毕竟进入转股期较晚，在价格高位出现负溢价时也难以通过套利机制消除，投资者未必愿意给予其过高溢价率水平。但具体的差距还需要视市场筹码的稀缺程度等因素而定。

3. 可交换公司债赎回条款部分

在本次发行的可交换债期满后五个交易日内，公司将以本次发行的可交换债的票面面值的101.5%（不含最后一期年度利息）的价格向投资者赎回全部未换股的可交换债。具体上浮比率由公司董事会（或由董事会授权的人士）在本次发行可交换债前根据市场情况与保荐机构及主承销商协商确定。

此外，当本次发行的可交换债未换股余额不足人民币3000万元（如适用的上市规则另有规定，则适用相应规定）时，公司董事会有权决定按面值加当期应计利息的价格赎回全部未换股的可交换债。

【分析】与可转债相同，当可交换债未换股余额不足人民币3000万元时，公司董事会权决按面值加当期计利息的价格赎回全部未换股可交债。

本条款是可转债和可交债中普遍设置的条款，该条款的设置主要是为了促进投资者换股，以达到发行人减持的目的。在股价处于明显上行通道时，也可加设换股期前赎回条款。该条款的设计虽然有利于保护发行人利益，但对于投资者来讲，持有本期债券的可能只能获得较低收益。因此在使用该条款时须综合考虑发行人及投资者的利益平衡。

4．其他部分

【分析】条款方面，本期可交换债规模适中，债底保护尚可，转股期距发行日时间较长，不设下修、提前赎回和回售。本期债券评级为AAA，由于股权质押担保的存在，加上发行人信用级别高，该可交换债信用风险很小。本期可交换债期限为3年，而传统转债多为 6 年，少数为 5 年。发行 1 年后可转股，不设下修、提前赎回和回售条款。

没有有条件回售条款降低了新华可交换债的保护边界，但考虑新华可交换债债底尚可，且现有大盘转债均无有条件回售条款，因此无有条件回售并不会显著降低新华可交换债的吸引力。

修正是传统转债最吸引人的条款之一。新华保险可交换债没有修正条款，剥夺了未来新华可交换债的下修博弈可能性，在股价远低于换股价时，没有修正条款将使新华转债的价值显著低于同等条件下的转债。

作为市场上第一例公募交换债，宝钢交换债更具试水意义，特殊条款设置较少，"类纯债"性质较强。没有设立提前赎回条款、公司无法提前促换股，相比之下，换股标的新华保险 A 股作为融资担保的作用更为显著，我们预计公司本次发行目的以盘活资产、低成本融资为主。

四、已发行可交换债条款比较

（一）私募可交换债条款比较

私募可交换债条款比较如表 8 所示。

表 8

私募可交换债条款比较

简称	13 福星债	14 海宁债	14 歌尔债	14 沪美债	14 卡森 01	15 美大债	15 光韵达
发行日	2013/10/14	2014/7/31	2014/9/10	2014/12/12	2014/12/29	2015/1/26	2015/3/20
发行期限（年）	1	2	3	1	2	2	1
标的股数量（万股）	1000	2000	5980	820	1200	2000	1800
换股溢价率	0.00%	37.09%	0.00%	-10.00%	17.49%	0.00%	-6.68%
评级	AA	AA +	无	无	AA	无	无
换股期	6 个月	12 个月	6 个月	6 个月	6 个月	6 个月	6 个月
下修条款	5/10，<90%	无	10/20，<85%	5/10，<90%	5/10，<90%	10/20，<85%	5/10，<90%
到期赎回	无	无	期满后 5 个交易日内，以票面面值上浮 8% 赎回	无	无	无	无

续　表

简称	13 福星债	14 海宁债	14 歌尔债	14 沪美债	14 卡森01	15 美大债	15 光韵达
回售条款	存续期最后3个月内，10/20，<80%时，持有人在公告日后10个交易日内可以面值的110%回售	存续期最后3个月内，10/20，<80%时，持有人在公告日后10个交易日内以面值+利息回售	到期前180天内，任何连续30个交易日收盘价低于当期换股价的70%时，可以面值+利息回售	存续期最后3个月内，10/20，<80%时，持有人在公告日后10个交易日内可以面值的115%回售	存续期最后3个月内，10/20，<80%时，持有人在公告日后10个交易日内以面值×(1+票面利率)回售	存续期最后3个月内，15/30，<70%时，持有人在公告日后10个交易日内可以面值的110%回售	到期前90天内，5/10，<70%时，持有人可以面值的110%回售
换股期前赎回条款	换股期前15个交易日，5/10，>120%时，发行人可在换股期前5个交易日内以面值的105%赎回	换股期前15个交易日，5/10，>120%时，发行人可在换股期前5个交易日内以面值的110%赎回	无	在质押股票解除禁售前（即2015年6月12日前）5个交易日内，可以面值的110%赎回	换股期前15个交易日，5/10，>120%时，发行人可在换股期前5个交易日内以面值的106%赎回	换股期前15个交易日，5/10，>130%时，发行人可在换股期前5个交易日内以面值的105%赎回	无

续表

简称	13 福星债	14 海宁债	14 歌尔债	14 沪美债	14 卡森01	15 美大债	15 光韵达
换股期赎回条款	换股期内，5/10，>118%，发行人可在5个交易日内决定是否以面值的（100%+应计利息）赎回	换股期内，5/10，>120%，发行人可在5个交易日内决定是否以（面值+应计利息）赎回	换股期内，15/30，>130%，发行人可以（面值+应计利息）赎回	换股期内，10/20，>140%；或债券余额不足1000万元时，发行人可以面值的120%赎回	换股期内，5/10，>120%或债券余额不足1000万元时，发行人可以（面值+应计利息）赎回	换股期内，10/20，>125%，5个交易日内决定；或债券余额不足2000万元时，发行人可以面值（100%+应计利息）赎回	换股期内，10/10，>160%，5个交易日内决定；或债券余额不足1000万元时，发行人可以面值（100%+应计利息）赎回

（二）已发行公募可交换债条款比较

已发行公募可交换债条款比较如表 9 所示。

表 9   已发行公募可交换债条款比较

简称	14 宝钢 EB	15 天集 EB
发行日	2014/12/10	2015/6/8
发行期限（年）	3	5
标的股数量（万股）	16500	3700
换股溢价率	9.35%	4.43%
评级	AAA	AA +
换股期	12 个月	12 个月
下修条款	无	10/20，＜85%
到期赎回	期满后 5 个交易日内，将以本次发行的可转债的票面面值的 101.5%（不含最后一期年度利息）向投资者赎回全部未转股的可转债	无
回售条款	无	存续期最后 2 年，10/20，＜80% 时，持有人在公告日后 10 个交易日内可以面值的 107% 回售
换股期前赎回条款	无	换股期前 30 个交易日，10/20，＞130% 时，发行人可以面值的 107% 赎回

续　表

简称	14 宝钢 EB	15 天集 EB
换股期赎回条款	债券余额不足 3000 万元时，发行人可以面值加当期应计利息的价格赎回	换股期内，10/20，>135% 时；或债券余额不足 2000 万元时，发行人可以面值的 107% 赎回

五、可交换债券的发行

（一）可交换债券的发行流程

可交换债券的发行流程如图 2 所示。

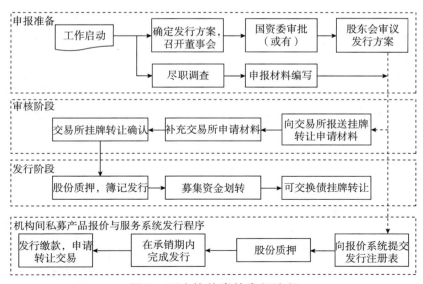

图 2　可交换债券的发行流程

（二）可交换债券发行的注意事项

1. 可交换债券的申报程序

非公开发行可交换债券的申报程序与普通债券一致，如为国资企业，需在申报前，根据《关于规范上市公司国有股东发行可交换公司债券及国有控股上市公司发行证券有关事项的通知》将该方案逐级报省级或省级以上国有资产监督管理机构审核。

2. 国资委的可交换债券申请

由于可交换债券的产品较为新颖，在向国资报送文件前，应先与国资委相关人员汇报，将可交换债券产品论述清楚，同时，关于报送文件清单，上述文件清单为最低要求，国资委或另有要求，新增可行性研究报告或法律意见书等相关文件。

3. 可交换债券的股份质押

根据《中国证券登记结算有限责任公司非公开发行公司债券登记结算业务实施细则》第八条，"可交换私募债券发行前，发行人应当与受托管理人签订合同，约定预备用于交换的股票为担保财产，用于对债券持有人交换股份和本期债券本息偿付提供担保，并根据本公司的有关规定申请开立专用证券账户，办理担保登记。发行人与受托管理人约定担保财产为信托财产的，可以办理担保及信托登记。"非公开发行可交换债券，需在发行前将股份质押于专用证券账户，办理担保登记，但可不办理信托。相关股份质押需在可交换债券发行前完成。

4. 可交换债券的上市公司信息披露

目前，尚无法律法规对交换标的股票上市公司的信息披露的明确要求。多数上市公司在发行人召开董事会后两天内通知上市公司发行可交换债券事宜。

附录 1

交易所可交换债券报送文件清单

（1）关于非公开发行可交换债券的转让申请书及不属于负面清单的说明。

（2）非公开发行可交换债券之承销商核查意见。

（3）董事会决议、股东会决议及国资核准批文（或有）。

（4）营业执照及公司章程。

（5）非公开发行可交换债券募集说明书。

（6）非公开发行可交换公司债券法律意见书。

（7）近两年的审计报告及近一期的财务报告。

（8）非公开发行可交换债券承销协议、持有人会议规则、受托管理协议。

（9）发行人全体董事、监事和高级管理人员对发行文件真实、准确完整的承诺及发行人关于电子文件和书面文件的一致性承诺。

（10）发行人董事、监事、高级管理人员及持股5%以上股东名册。

（11）中证登结算公司出具的发行人证券持有信息表。

（12）非公开发行可交换债券发行人及承销机构承诺书。

（13）非公开发行可交换债券之股票质押合同。

（14）非公开发行可交换债券评级报告（或有）。

（15）发行人信用报告。

（16）董监高承诺。

（17）发行人关于有息负债情况的说明。

附录2

机构间私募产品报价与服务系统可交换债券报送文件清单

（1）发行人营业执照（副本）复印件。

（2）公司章程。

（3）发行人内设有权机构关于本期债券发行事项决议。

（4）承销协议。

（5）募集说明书。

（6）尽职调查/自查报告。

（7）受托管理协议。

（8）持有人会议规则。

（9）担保合同等增信措施证明文件（若有）。

（10）最近两个会计年度及一期的财务报告。

（11）法律事务所出具的关于本期债券发行的法律意见书。

（12）信用评级报告（若有）。

（13）发行人及董监高承诺书。

附录3

向省级国资委申请发行可交换债券的报送文件清单

（1）关于非公开发行可交换债券的请示。

（2）非公开发行可交换债券方案及董事会决议。

（3）非公开发行可交换债券风险评估及偿债方案。

（4）关于非公开发行可交换债券对其控股地位影响的分析。

（5）非公开发行可交换债券股权质押备案表。

（6）发行人的基本情况、营业执照、公司章程。

（7）发行人去年审计报告。

（8）交换标的股票的公司基本情况、去年年度报告及中期报告。

（感谢我的同事张阳在本文的数据整理、文字校对方面付出的精力，感谢华泰联合证券的高丽嵩、国信证券的王建忠和瑞银证券的王晧泽对本文的资料收集所做出的贡献。）

2015年定向增发市场概览及展望

李　萌　中德证券资本市场部副总裁

非公开发行，也即定向增发，由于具备发行门槛低、融资程序简便高效等优点，使之成为我国资本市场上股权再融资的主流方式。上市公司通过实施定向增发，达到注入优质资产、为投资项目募集资金、偿还银行贷款、补充流动资金等目的，定向增发为上市公司外延式扩张、整合内部资源、实现主营业务的提升或转型、提高行业竞争力等提供了有力支持。

作者简介

      李　萌　中德证券资本市场部副总裁，曾在摩根大通、IDG VC、瑞银证券工作，拥有十年的资本市场首发及再融资项目经验。

一、2015 年定向增发市场的特点

回顾 2015 年的大起大落的 A 股市场，在公开增发、可转债、配股等鲜有发行的情况下，定向增发成为再融资市场中的一枝独秀。笔者总结了 2015 年定增市场的几个特点，供各位读者参考。

（一）大规模定增频现，三年定增助力企业资产注入及兼并收购

自 2011 年以来，A 股上市公司定向增发热情持续发酵，2015 年定向增发延续了 2014 年井喷势头且更受市场追捧，累计发行规模达 8818 亿元（截至 2015 年 11 月 12 日），较 2014 年全年增长 29.2%。更是出现了多单大规模定增，如包钢股份 298 亿元定增等。如图 1 和表 1 所示。

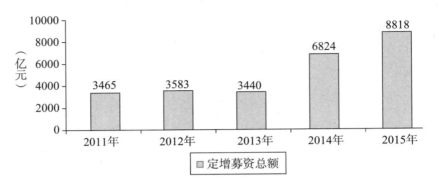

图1　2011年至今定增募资总额

表1　　　　　　　　**2015年至今前十大定增项目列表**

现金认购前十大项目列表

序号	公司简称	发行规模（亿元）	定增目的
1	包钢股份	298.0	项目融资
2	中国中铁	120.0	项目融资
3	华东科技	105.0	项目融资
4	百视通	100.0	配套融资
5	永泰能源	100.0	融资收购其他资产
6	平安银行	100.0	补充流动资金
7	中国铁建	99.4	项目融资
8	中国铝业	80.0	项目融资
9	光大证券	80.0	补充流动资金
10	南京银行	80.0	补充流动资金

资产注入前十大项目列表

序号	公司简称	交易规模（亿元）	定增目的
1	金丰投资	645.4	集团公司整体上市

资产注入前十大项目列表

序号	公司简称	交易规模（亿元）	定增目的
2	石化油服	240.8	集团公司整体上市
3	广汇汽车	228.3	壳资源重组
4	中纺投资	182.7	实际控制人资产注入
5	中国电建	146.7	集团公司整体上市
6	双钱股份	116.5	集团公司整体上市
7	物产中大	106.3	集团公司整体上市
8	蓝星新材	86.0	集团公司整体上市
9	蓝光发展	67.0	壳资源重组
10	江淮汽车	64.1	集团公司整体上市

定向增发中一年期向市场融资项目（简称"一年期定增"）、三年期向特定投资者发行项目（简称"三年期定增"）和资产注入项目从发行规模以及发行家数来看，基本处于三分天下的态势。其中，市场类定增已发行完成 194 家，较去年全年低12.3%；累计发行规模 2599 亿元，预计到年底规模将超过 2014年 3145 亿元的规模。特定投资者类及资产注入发行规模和家数均已超 2014 年水平。如图 2 和图 3 所示。

由于公开增发、可转债、配股等其他再融资业务的萎缩，定增从 2014 年起就受到了发行人和投资者的青睐。随着越来越多的上市公司通过 A 股再融资市场为企业的持续发展加油助力，募

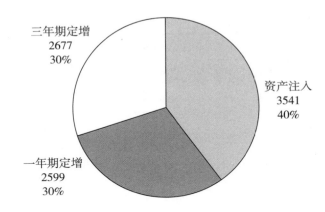

图2 2015年以来非公开发行按规模分布（单位：亿元）

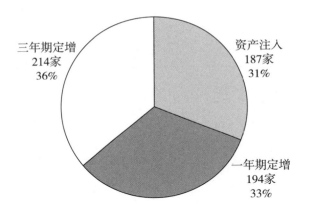

图3 2015年以来非公开发行按家数分布

集资金的规模也由过去的几千万元到现在的动辄几十亿元。一方面是国企改革红利、"走出去""一带一路"等国家政策催生了很多新的企业经营思路和经营方向；另一方面产业整合、兼并收购等今年也呈爆发式增长，上市公司也有强烈的意愿通过并购完善自身的产业链或者进一步拓展与公司主业相关性较强的业务，更有部分上市公司看准未来有增长前景的行业进行投资以获取投资收益、增厚上市公司赢利，比如"互联网＋"、医药、传媒等行业均成为 2015 年的投资热点。

上市公司往往通过实施三年期定增来进行优质资产注入、兼并收购、引入战略投资等目的，加之今年实施的定增在锁定发行底价时均在大盘股指低位，因此发行底价较低，有利于上市公司吸引战略投资者全面参与上市公司的未来发展。

综上所述，上市公司为了自身的不断发展和完善，需要大规模地募集资金来满足发展、投资的需要，三年定增和一年定增均成为上市公司借助资本市场完善自我发展的重要组成部分。

从另一角度来看，实体经济需求偏弱，房地产、地方政府融资平台等巨额资金需求部门不断去杠杆化，投资者对改革红利、一带一路政策赋予的中国经济长期增长的内生动力抱有很高预期，大量资金涌入股市。市场上"钱多"也导致有比往年更多的投资者愿意参与定增，同时投资者也把参与定增作为参与企业改革发展、分享改革红利的方式和手段。

所以，无论从上市公司还是投资者的角度，均有动力实施定增，从而使融资规模及发行价格不断推升。

（二）一年期定增项目溢价水平屡创新高，受到投资者热捧

定增项目启动发行时，二级市场股价超过发行底价的百分比称为发行溢价率。2015 年以来的定增项目普遍享有较高的溢价率，平均发行溢价率达到97.3%，高于2014 年41.01%的平均溢价水平，很大程度上受益于锁定发行底价时正处于 A 股大盘低点。如图4 所示。

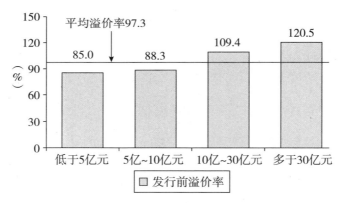

图 4　2015 年以来一年期非公开发行前日溢价率分布

2015 年实施完成的定向增发，锁定发行底价时多在 2014 年或 2015 年上半年，那时 A 股股指还处于低位。随着 2015 年上半年牛市行情的出现，无论是大盘股指还是个股股价均大幅提升，使得上市公司在进入簿记报价阶段时二级市场股价几乎是当初锁定的

发行底价的 2 倍。巨大的价差也使投资者更有动力参与定增，以博取低于市场价获配股票以及一年后股价可能继续上涨的收益。

（三）一年期定增项目发行折扣率低，投资者参与火爆，发行人实现最优定价

定增项目最终确定的发行价格低于发行日二级市场股价的百分比称为发行折扣率。在整体发行溢价水平较高的情况下，投资者认购热情高涨，2015 年以来一年期定增发行价格相对二级市场股价只有 15.9% 的折扣。经历了 6 月份以来 A 股大盘的深幅调整，投资者参与申购报价趋于谨慎，但仍有 30% 左右的折扣。

由于投资者参与定增的积极性很高，所以报价时竞争者增多，簿记报价当天价格需要有竞争力才有希望获配股票。另外，由于很多投资者是配资后成立产品参与竞价的，如果没有中标，则须将产品清盘，其间会产生不菲的成本，因此这部分投资者报价都较高，势在必得。多种原因均催生了定增发行价格不断提高、发行价格相对发行日二级市场价格折扣率不断降低的现象。经过 2015 年下半年的股灾，投资者在投资中态度日趋谨慎，在报价中也从 2015 年上半年"溢价报价（也即发行价格高于簿记报价时二级市场价格）"的极度

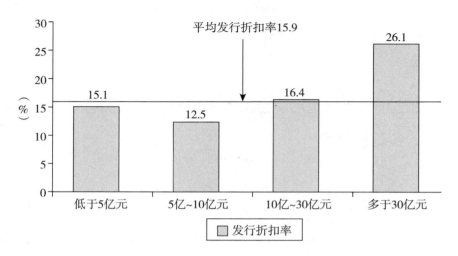

图5 2015年以来一年期非公开发行折扣率分布

疯狂逐渐回归理性，发行折扣有所提高，也出现了以发行底价定价的情况。

（四）参与主体以基金、法人为主

从2015年以来一年期非公开发行参与投资者来看，基金公司和法人投资者是市场化非公开发行的主要参与机构。基金公司参与占比53%，其中以通道业务为主的财通基金依然是参加一年期定增最活跃的基金公司，另外法人投资者参与规模占比达到34%。如图6所示。

2015年出现很多中大规模的定增，尤其以10亿元以上的定

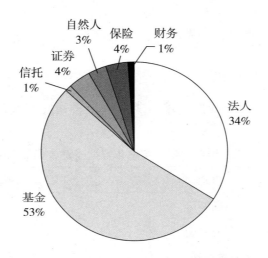

图6　2015 年以来一年期非公开发行各类型投资者获配规模

增项目为主，30 亿元以上的项目也逐渐成为发行的主流。由于只能向不超过 10 名投资者发行，因此每家投资者参与定增的门槛由 2014 年的几千万元为主，演变为 2015 年的 1 亿元以上，甚至 3 亿~5 亿元。虽然参与三年期定增的投资者已经不被允许使用结构化产品了，但一年期定增目前仍允许结构化产品参与报价。因此很多资金实力稍弱但非常看好发行定增的上市公司的投资者纷纷选择了通过找到优先级配资成立结构化产品的形式，或者几个投资者通过基金公司、证券公司等通道业务进行资金"拼份"等形式来参与定向增发。因此，很多定增获配投资者名单中的基金公司、证券公司等除了一些公募产品、自营资金外，更多的情况是背后的实际出资方通过专户、集合理财产品等参与了上市公司的再融资。财通基金、东海基金、平安大华基金、华安基金等机构近年来通道业务也成为其特色之一，吸引了很多投资者通过它们参与到定增之中。

2015 年上半年一年期定增各类型投资者获配规模，如表 2 所示。

表 2　　　　2015 年上半年一年期定增各类型投资者获配规模

序号	机构	获配次数	获配金额（亿元）
1	财通基金	71	224.28
2	东海基金	28	58.02
3	国联安基金	10	41.46
4	平安大华基金	13	39.69
5	华安基金	24	36.02
6	泰达宏利基金	14	33.43
7	博时基金	7	27.99
8	上银基金	7	26.85
9	北信瑞丰	9	22.28
10	申万菱信	7	21.50

（五）监管机构对于定增的监管趋于严格

无论是证监会、证券业协会、基金业协会还是证券交易所等监管机构都对定增发行人、保荐机构执行项目过程以及参与定增的投资者等方面加强了监管，并颁布了《私募投资基金管理人登记和基金备案办法（试行）》《私募投资基金监督管理暂行办法》等相关法律法规。对投资者参与产品是否存在结构化、实际出资方是否是关联方的核查、私募产品是否完成了相关备案、停牌时间及披露要求等，监管机构均加大了监管力度，使得定增项目在合规性方面更加完备。我们预计，随着监管机构对市场上违规配资的打击力度不断加大，未来对定增在合法、合规方面的监管将更加严格。

二、2016 年定增将在改革中蓬勃发展

（一）经济转型倒逼资本市场改革

中国经济面临经济转型、产能过剩、企业融资成本高和负债率过高的问题。搞活股市，多举措提高直接融资比重，有助于降杠杆、降融资成本、促改革、促创新转型。资本市场有望从经济发展的辅助地位逐渐上升到核心地位。可以预见，未来几年，股权再融资业务等将大有可为。

（二）定增流程将不断改革优化

证监会将实施并购重组审核全流程优化工作方案。上市部对发行股份购买资产审核流程大幅优化至 5 个工作日出反馈意见后，发行部也在酝酿改进非公开发行审核流程，受理后 2 周出反馈意见、2 个月内完成非公开审核。

（三）定增业务有望蓬勃发展

2015 年以来，已经披露非公开发行预案并且尚未实施完成的上市公司超过 800 家，其中大多数将在 2016 年实施完成，拟募集资金总额更是达到 2.55 万亿元。其中更是出现了创 A 股有史以来最大定增规模的同方国芯 800 亿元项目，拟募集资金在 100 亿元以上的定增多达 35 家。随着 A 股市场逐渐向好，定增规模不能超过 50 亿元等监管限制放开，以及在宽松货币政策下带来的充裕的资金流动性，2015 年定增发行规模有望超万亿，2016 年的定增也将会继续蓬勃发展，无论是单项目融资金额还是总体融资额度均有望再创新高。如图 7 所示。

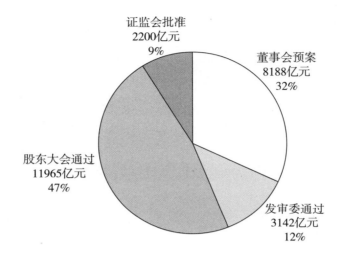

图 7　已披露预案的定增各阶段预计发行规模

注：所有数据均来自 Wind 资讯、中德证券股本资本市场部，数据截至 2015 年 11 月 12 日。

（感谢中德证券资本市场部高级经理宁鸿杰为本文做出的贡献。）

聚焦定增动态，导航利润蓝海

林　瑾　申万宏源证券研究所分析师

彭文玉　申万宏源证券研究所理财研究部

2015 年，股市虽然经历罕见波动，但以定向增发为主的再融资市场却格外火爆。截至 2016 年 1 月 8 日，2015 年全年募资总额 1.29 万亿元，首破万亿，发行家数共 805 家，增速分别高达88.36% 和 61.97%，定向增发已经成为了上市公司再融资的首选渠道。本文聚焦定增发行折价率水平、定增行业分布情况、定向增发解禁收益以及未来定增市场发展趋势等多个方面，通过深度解析过去一年定增市场的具体表现，希望对于各位读者及市场同人能够有所裨益。

作者简介

林　瑾　上海财经大学硕士研究生，目前为申万宏源证券研究所新股策略首席研究员。长期从事新股领域的研究，对我国新股发行制度沿革、IPO定价形成机制有着深刻的认知；2002 年率先在业内推出申购策略报告，并在近年创新开发 AHP（新股申购优选）模型。同时，对于定增市场进行基于大数据的系统研究，设计了"市场俯瞰、脉动磁场、策略导航"为主干的定增月报，并提供有价值的投资标的。

彭文玉　毕业于上海理工大学金融学专业，硕士。在校期间，在《金融理论与实践》《浙江金融》等核心期刊中发表学术论文共计 5 篇。2015 年4 月，正式进入申万宏源证券研究所理财研究部，从事新股和定增投资策略研究。

一、定增市场俯瞰

（一）2015年募资规模首破万亿，并购重组数量占比超六成

1. 全年募资规模首破万亿，资产认购方式翻两番有余

根据 Wind 数据显示：截至 2016 年 1 月 8 日，2015 年全年募资总额 1.29 万亿元，首破万亿，发行家数 805 家，分别同比大幅增加，增速分别高达 88.36% 和 61.97%。从认购方式来看，现金所占的比重依然是最大的，2015 年全年现金募资 6807 亿元，占比过半，其次是股权和资产，而以组合方式认购的占比仅不到 1%。相比于 2014 年，资产认购方式的金额占比增速是最快的，翻了两倍多。其次是现金，同比增长了 76.71%，股权认购方式的金额占比则同比增加了 53.59%。以资产方式认购的定增一般

为并购重组类和股权优化类。2015 年，并购重组类定增持续发力，尤其是在 2015 年 6 月股灾之后，非并购重组类定增暂停，并购重组类定增不断涌现，2015 年全年发行并购重组型定增 487 宗，同比增加 83.08%。与此同时，在国企改革的带动下，国企上市公司股权优化类定增（集团整体上市、实际控制人资产注入、引入战略投资者）也有所增加，全年发行宗数同比上涨了 23.25%。在此背景下，以资产方式认购的定增募资规模占比也快速增加。如图 1 和图 2 所示。

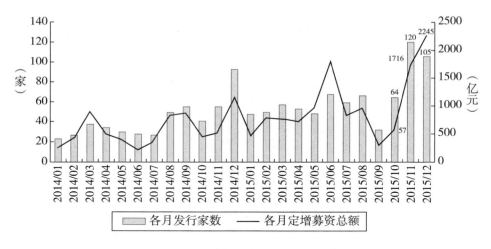

图 1 2014—2015 年月度定增宗数及募资总额
资料来源：Wind，同花顺 iFind。

2014 年是 2011 年以来定增集中爆发的起始年，2014 年全年募资总额、发行家数的同比增速分别骤升至 89% 和 73%，虽然 2015 年的增速同比略有回落，但如果 2015 年 6 月的暴跌没有导

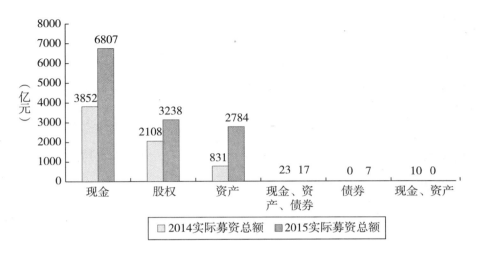

图2　2015 年已发行定增认购方式分布

资料来源：Wind，同花顺 iFind。

致非并购重组型定增在随后的 7 月和 8 月暂停，预计 2015 年定增的发行将依然延续 2014 年快速增加的势头，甚至增速更快。继 2014 年鼓励并购重组的政策措施频现，监管层不断放松定增监管和审批，2015 年上半年定增的发行审核周期不断缩短，预案公告—最终发行的总耗时由 2014 年的 251 天缩短至 240 天左右。2015 年 11 月，证监会对并购重组的审核进行了全流程优化，预计 2016 年并购重组类定增的审核会有更明显的提速。

2. 折价率同比增速近 60%，三年期项目折价率增速近 100%

2015 年 12 月，定向增发的平均发行折价率为 43.67%，环比增加了 7.67%，其中 12 月一年期定增平均折价率为 32.42%，环比小幅下降了 5.54%；三年期定增的平均折价率为 51.35%，环比小幅上升了 7.85%。12 月市场整体上依然延续震荡格局，上旬震荡向下，中旬企稳向上，下旬有所下探，全月大盘重心略有上移，累计涨幅 2.72%。在此市场背景下，定增发行折价率亦随行就市。如图 3 所示。

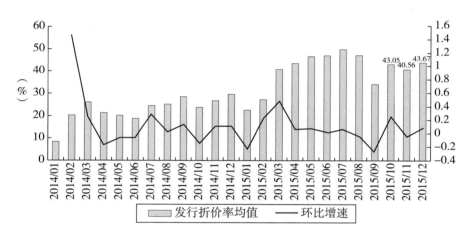

图3　2014 年以来月度定增折价率

资料来源：Wind，同花顺 iFind。

2015 年全年的一年期定增平均发行折价率为 30.86%，三年期定增的平均发行折价率为 66.57%，分别同比大幅增加 54.15% 和 99.37%，全年平均发行折价率 38.73%，同比增加 58.40%。2015 年上证指数全年的平均点位约为 3625 点、创业板指平均点位为 2397 点、中小板指平均点位为 7826 点，分别同比上涨了 59. 90%、69. 04% 和 54. 15%。发行折价率是对锁定期的风险补偿，随着市场行情的不断攀高，投资者对锁定期的风险补偿要求也水涨船高，以对冲越来越高的解禁日市场下行导致的收益下降风险。从发行折价率的全年变化趋势来看，一季度加速攀升，二季度增速收窄趋稳，三季度加速跌至谷底，四季度大幅回升后震荡趋稳，与 2015 年大盘指数的走势大致相符，但略有滞后。

3. 传媒业定增降温，化工、计算机定增发力，并购重组数量占比超六成

2015 年，定增发行宗数最多的前五大行业是机械设备、化工、计算机、电子、医药生物，其中机械设备、化工、计算机行业的全年定增发行家数均达到或超过了 70 家，发行家数占比均超过了 8%。而 2014 年定增发行宗数最多的前五大行业分别是机械设备、电子、传媒、化工、计算机，对比来看，2015 年传媒行业定增热度大幅降温，而化工、计算机和医药行业的定增则热情高涨，全年发行宗数同比增幅均接近或超过 100%。相比而言，钢铁、银行、休闲服务、国防军工行业企业对定增似乎较为冷淡，两年的定增宗数几乎均在个位数，且均排在倒数前五。如图 4 和图 5 所示。

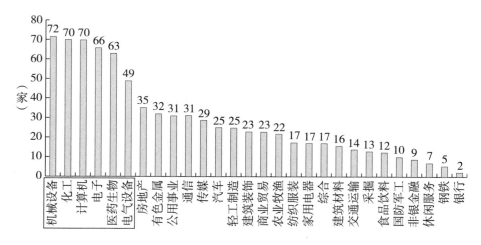

图4 2015年发行定增标的所属行业分布

资料来源：Wind，同花顺 iFind。

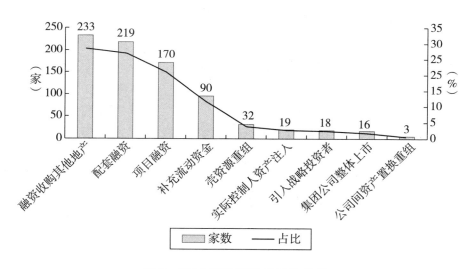

图5 2015年发行定增目的分类

资料来源：Wind，同花顺 iFind。

从定增类型来看，融资收购及相关的配套融资的合计数量占比过半，遥遥领先，再加上壳资源重组、公司间资产置换重组，

2015 年并购重组类定增的数量占比高达 60.5%，在 2014 年并购重组集中爆发的基础上，继续同比增加约 10%。这与 2016 年监管层继续不断优化并购重组类定增审核流程，提供审核效率，鼓励上市公司并购重组密不可分，更是我国现阶段经济转型时期的必然现象。2015 年发行宗数最多的前三个行业（机械设备、化工、计算机）中均有超过一半的定增为并购重组类定增，机械设备行业并购重组型定增的数量占比接近 70%。在去产能、调结构的转型期，定增市场成为传统制造业如机械设备、化工企业等进行并购重组以求转型和合并、先进制造业如计算机、电子企业等通过并购实现"弯道超车"的飞速发展的重要资本手段。

（二）四季度定增获批空前提速，2016 年获批数或平均 100 宗/月

截至 2016 年 1 月 13 日，最近一年处于正常待审阶段的定增项目共有 1160 宗，环比微降了 2.84%，其中处于前两阶段的董事会预案阶段和股东大会通过阶段的共有 862 宗，合计占比是 74.31%，环比上升 9.26%，处于较后阶段的国资委批准、发审委通过以及证监会批准阶段的占比则相应下降至 25.69%，整体的定增进程环比有所放缓。如图 6 所示。

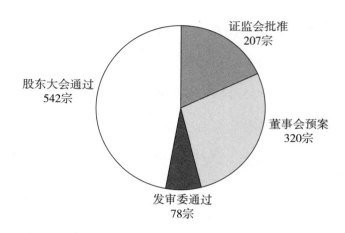

图6　2014 年以来定增市场审核进度构成

资料来源：Wind，同花顺 iFind。

12 月新增预案 229 个，环比增加了 12.80%，增速大幅回落，但四季度新增预案总数环比增幅平均值仍高达 25.77%；在新增预案快速增加的同时，上月证监会下发批文数骤然大幅提高，创 2015 年年内单月获批宗数新高，12 月获批宗数继续冲高至 158 宗，虽然相比 11 月的年内峰值微降，但仍处于 2015 年以来除 11 月的新高。如图 7 所示。

2015 年全年证监会累计下发定增批文 938 宗，相比于 2014 年的 493 宗，大幅增加了 90.26%。我们根据 IPO 的发行节奏将 2015 年定增分为三个阶段：第一阶段 1~6 月（IPO 发行提速）、第二阶段 7~10 月（IPO 暂停）、第三阶段 11~12 月（IPO 重启、新政发布、注册制提速）。在 IPO 发行提速阶段，

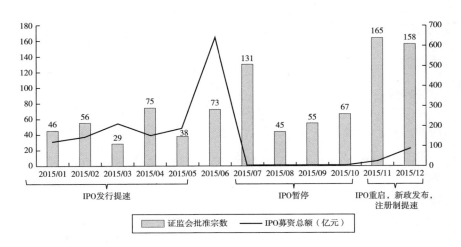

图7 2014—2015年定增市场月度获批节奏及募资总额

资料来源：Wind，同花顺 iFind。

证监会单月下发批文数随着募资规模的变动略有波动，大体保持平稳；在7月IPO宣布暂停当月，证监会下发批文环比激增近一倍至当时年内新高，8月（非并购重组类定增发行暂停）断崖式下跌后，逐月稳定攀升；11月IPO重启，伴随着打新新政的发布及注册制改革的提速，并购重组审核流程对接注册制做全方位优化，审核效率空前加速，获批宗数再创新高，12月延续高位。由此可见，定增的获批节奏与IPO发行节奏大体一致，但局部有互补，如IPO开始暂停的7月获批家数的激增、8~10月暂停阶段的获批宗数的稳步攀升、3月和5月IPO募资规模提升对应的是定增获批宗数的阶段性大幅下滑。监管层似乎有意在IPO市场和定增市场进行局部的微妙协调，以保证新

股和定增市场对二级市场的冲击尽可能小，同时又能发挥资本市场的融资功能。

当然在注册制稳步推进，定增审批不断优化提效，定增热情高涨不退的背景下，如果2016年二级市场仍然保持平稳运行，预计定增项目获批的速度依然会大概率维持在100宗/月的高位。

（三）并购重组获批占比下滑，房企定增集中获批

1. 配套融资类新增预案数居首，并购重组型获批宗数占比环比下滑

从定增目的来看，2015年12月229个新增预案中，配套融资类定增数量快速增加，跃居首位，而上月则是项目融资明显领先，紧随配套融资、项目融资之后的是融资收购类，三者的合计数量占比高达86.46%，遥遥领先。而从12月获批的情况来看，上月新增预案数快速增加的纯经营类定增获批数量占比领先，合计占比环比大幅增加，相应的并购重组类定增的占比明显下降，但这仅是暂时的结构性调整，2014年以来并购重组型定增审批效率的不断提升已成趋势。如图8和图9所示。

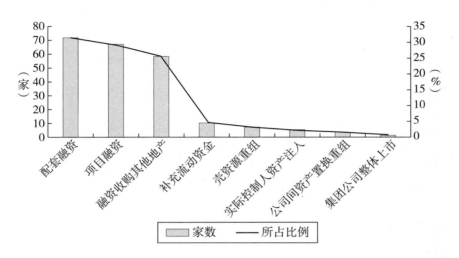

图8　截至 2015 年 12 月 10 日新增定增企业定增目的分布

资料来源：Wind。

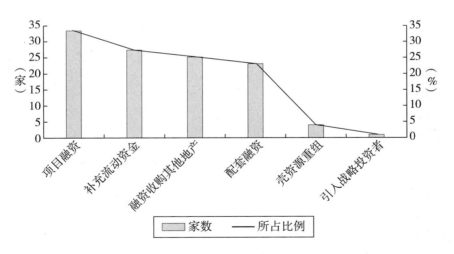

图9　2015 年 12 月已获批未发项目定增目的分布

资料来源：Wind。

2. 医药生物行业再度发力，房企定增集中获批

从行业分布来看，12月新公布定增预案的项目中，医药生物行业再度发力，新增预案数环比大幅增至首位，前几月持续领先的化工和机械设备行业新增预案数量紧随其后。新增预案数同样明显快速增加的还有轻工制造业，本月宗数排名取代电子排至第四。继上期房地产行业定增获批数量占比温和提升，本月有14宗房企定增集中获批，获批数量占比升至首位。上月新增预案宗数排名居前的化工、机械行业，本月获批宗数占比仅次于房地产行业，预计下月医药生物行业获批企业宗数将大幅增加。如图10和图11所示。

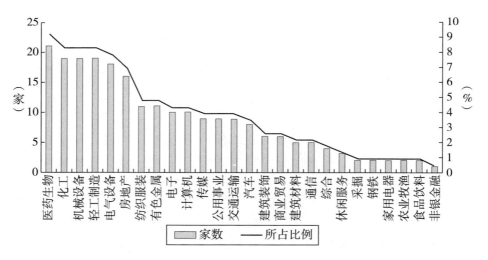

图10　2015年10—11月新公布预案企业行业占比
资料来源：Wind。

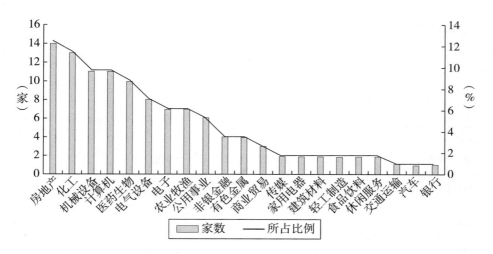

图11　2015 年 10—11 月已获批定增企业行业占比

资料来源：Wind。

（四）2015 年解禁收益：同比明显提升但波动加剧

2015 年 12 月有 52 宗定增项目解禁，其中一年期的有 41 宗，三年期的有 11 宗。首先从一年期定增解禁日的绝对收益率来看，12 月解禁日绝对收益率均值高达 124.34%，创 2015 年 6 月大跌之后的新高，环比涨幅高达 48.73%，12 月相对沪深 300 同期涨幅的超额收益率亦环比上涨了 8.38% ~ 93.09%，为 2015 年年内除 10 月以外的超额收益率最大值。正收益率占比连续保持 100%。此外，12 月还有 11 宗三年期项目解禁，解禁日绝对收益率均值、相对沪深 300 的超额收益率均值分别为 194% 和 129%，分别环比上升了 114% 和 418%。而正收益率占比则由上月的100%下降至91%。

2015年，定增解禁收益同比大幅提升。2015年全年的定增解禁绝对收益率均值为143.07%，同比上涨了81.28%，其中一年期均值为135.40%，三年期均值为177.45%，分别同比上涨了119.95%和16.66%；相对沪深300的超额收益率均值为79.95%，其中一年期均值为72.02%，三年期为115.74%，分别同比上涨了15.88%，下降了44.83%；与2014年全年各月解禁收益分布较为均衡不同，2015年一年期和三年期定增的解禁收益水平大致随着二级市场的剧烈波动而做大幅调整，从绝对收益来看，一年期解禁定增上半年呈快速攀高之势，三季度断崖式跌至谷底，四季度企稳回升。再从超额收益来看，假设以超额收益－绝对收益之差表示定增超额收益的优势，由图12一年期定增解禁收益变化趋势可以看出：震荡市解禁定增的超额收益优势更加突出，如2014年上半年各月解禁超额收益率明显高于绝对收益率；牛市解禁定增超额收益优势明显下降：如2015年上半年解禁绝对收益率与超额收益率之差逐月扩大；而从熊市向震荡市转换的过程中，解禁定增超额收益优势逐步回升，如从2015年7月到12月解禁超额收益率与绝对收益率的差距呈缩小之势。总之，如果参与的定增在牛市解禁可以获得较高的绝对收益；如果在震荡市解禁，跑赢市场的超额收益更加突出；而如果在熊市解禁，较低的超额收益率以及低至 50% 左右的正收益占比则表明解禁破发的风险会大大提高。如图 12 所示。

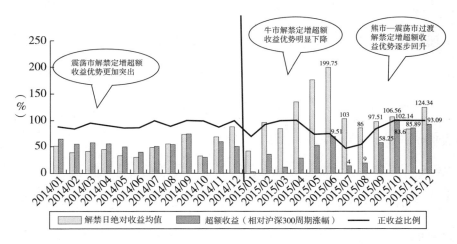

图 12 2015 年一年期解禁定增收益

资料来源：Wind，同花顺 iFind。

二、脉动磁场

（一）2015 年解禁定增折价率大于 40%，解禁收益增速显著提高

从各折价率区间的数量占比上来看，12 月和 2015 年全年解禁定增的发行折价率均集中分布在［0，40%］区间内，合计占比均

超过70%，其中［0，20%］区间的数量占比最多，2015年全年解禁定增的发行折价率在［0，20%］的数量占比达48.48%。当折价率从0增加至80%时，解禁绝对收益率随发行折价率的增加逐步递增，与我们在大样本下的统计结果相吻合。此外，由下图的统计可以看出，存在一个发行折价率的临界点，当发行折价率大于这一临界时，解禁绝对收益增速大幅提高。对于12月解禁的定增而言，这一临界发行折价率为60%，当发行折价率区间从［40%，60%］增加到［60%，80%］时，解禁绝对收益率均值激增近2倍；而对于2015年全年解禁的定增而言，这一临界折价率为40%，当发行折价率区间从［20%，40%］增加到［40%，60%］时，解禁绝对收益率均值增加了1倍多。然而这并不意味着发行折价率越高，解禁绝对收益越高，我们的大样本统计限制，当发行折价率大于80%时，解禁日绝对收益率反而随发行折价率的上升而下降，我们认为这主要归因于过高折价的项目标的往往不够优质，而以高折价来吸引投资者。如图13和图14所示。

再从发行价相对预案价下限溢价率的区间分布来看，数量占比最多的溢价率区间依然是（0，20%］，其中2015年更是有近60%的解禁的竞价发行定增的溢价率在此区间内。随着发行价相对预案价下限溢价率的增加，解禁日收益率整体呈交明显的递减趋势。如图15和图16所示。

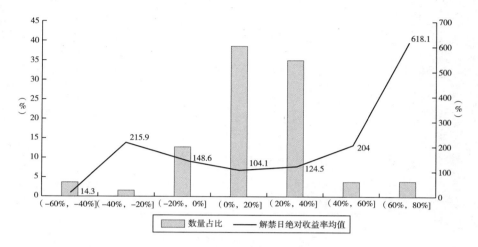

图13   2015 年 12 月解禁日绝对收益率与发行折价率的分布
资料来源：Wind。

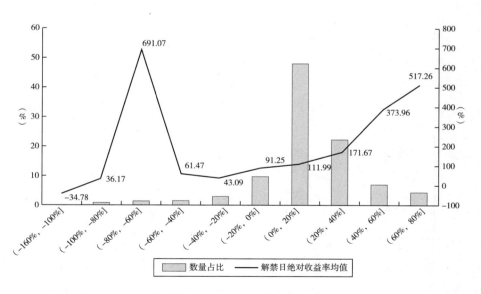

图14   2015 年解禁日绝对收益率与发行折价率的分布
资料来源：Wind。

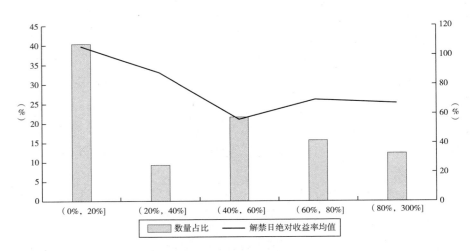

图15　2015 年 12 月解禁日绝对收益率与溢价率的区间分布
资料来源：Wind。

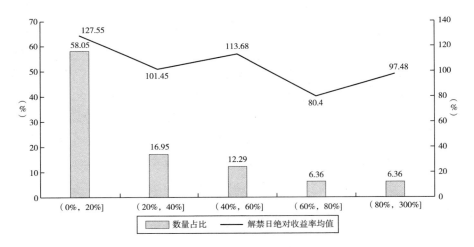

图16　2015 年解禁日绝对收益率与溢价率的区间分布
资料来源：Wind。

（二）并购重组类收益集体大幅领先，纯经营类收益分化明显

2015 年全年和 12 月解禁的一年期定增中，壳资源置换重组类的解禁日绝对收益率均值均居首位，且大幅领先，而引入战略投资者类的解禁收益则垫底。

从 2015 年全年来看，一年期定增中补充流动资金类解禁收益仅次于并购重组类，全年解禁收益均值高达 235.55%。

从具体项目来看，2015 年解禁的补充流动资金类定增标的皆为非银金融企业，且发行期均在 2014 年四季度券商板块行情起飞之前，解禁日多数在 2015 年牛市正酣的 4 月和 5 月，因此，解禁收益在市场的带动下一跃居前。

此外，2015 年项目融资类收益仅排倒数第二，低于 2014 年正数第五的排名，主要的原因有两点，其一，2014 年是并购重组集中爆发元年，也是国企改革开始加速的一年，因此，2014 年发行的并购重组类定增以及集团整体上市、实际控制人资产注入类定增标的会在市场的追捧下取得更可观的收益；其二，2014 年项目融资类标的多数分布在金属制造、房地产、机械设备制造等传统的产能过剩的传统制造业，在 2015 年宏观经

济增速放缓的背景下，业绩乏善可陈，市场认可度不高。如图17 和图18 所示。

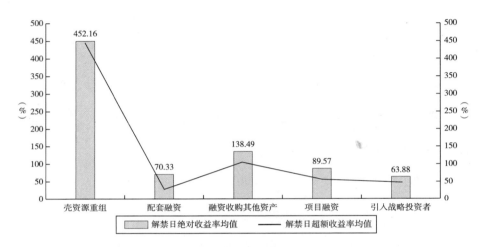

图17 2015 年 12 月不同定增目的下一年期解禁收益率

资料来源：Wind。

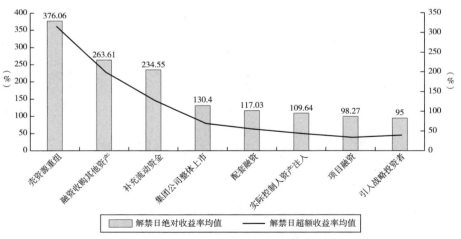

图18 2015 年不同定增目的下一年期解禁收益率

资料来源：Wind。

再从三年期的定增收益来看，12月解禁的并购重组类定增收益分化明显，融资收购其他资产类居首，而壳资源置换重组类最低，资产置换重组类居中。而从2015年全年来看，三年期并购重组类收益集体领先，占据前三，纯经营类收益居中偏后，而股权优化类有所分化，集团公司整体上市类居中偏上，而实际控制人资产注入与引入战投则双双垫底。如图19和图20所示。

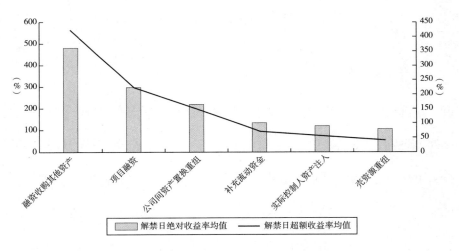

图19 12月不同定增目的下三年期解禁收益率

资料来源：Wind。

（三）2015年解禁定增收益随募资规模占比增加而递增

2015年12月解禁定增的募集资金与总市值的比重与上期相比略有扩大，平均值由15%上升至28%，且本期募集资金规模与总市值的比值集中分布在［0，20%］和［20%，40%］之

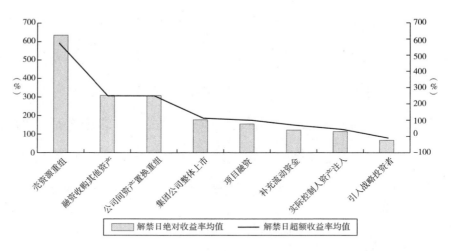

图中图例：
解禁日绝对收益率均值　　解禁日超额收益率均值

图20　2015年不同定增目的下三年期解禁收益率

资料来源：Wind。

间，累计占比达77.8%。随着募资规模与总市值的比重的增加，本期解禁收益的波动较大，但整体上呈递增趋势，而从2015年全年的情况来看，随着募集资金与总市值比重的增加，解禁收益明显递增，且当募资规模超过100%时，解禁收益均值快速上涨至350%。2015年解禁定增募资规模与总市值的比重也集中分布在 [0，40%]，且有超过50%的集中分布在 [0，20%]。如图21和图22所示。

（四）2015年大股东完全不参与解禁定增收益领先

首先，从大股东参与度的区间分布来看，本批解禁的定增中

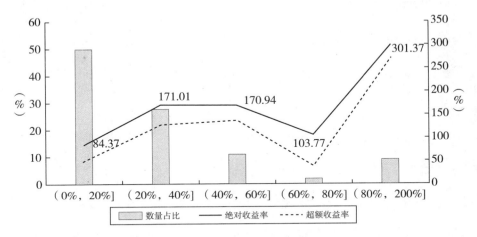

图21 2015 年 12 月解禁收益的募资规模/总市值区间分布

资料来源：Wind。

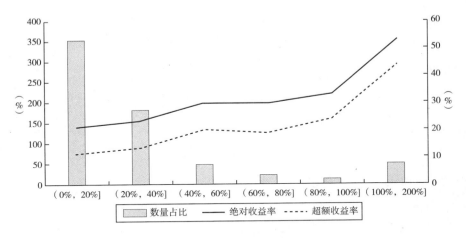

图22 2015 年解禁收益的募资规模/总市值区间分布

资料来源：Wind。

大股东不参与的定增数量依然占据绝对优势，占比继续超过70%，其他区间占比大致相当。

其次，从定增解禁日收益水平与大股东的参与程度的相关关系来看，随着大股东参与度的增加，解禁收益大致呈倒N形变化趋势，即大股东参与度在20%~40%以及完全不参与的解禁收益领先。

最后，从2015年全年的情况来看，解禁收益随大股东参与度增加而大致呈W形趋势，即不仅大股东完全参与与完全不参与的解禁收益领先，其中参与度在20%~40%以及40%~60%解禁收益亦表现突出。而解禁收益最高的大股东参与区间为0，即大股东完全不参与解禁定增收益最高。如图23和图24所示。

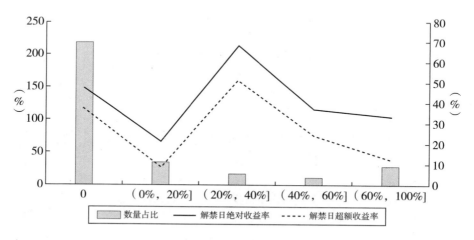

图23 2015年12月解禁收益大股东参与度区间分布
资料来源：Wind。

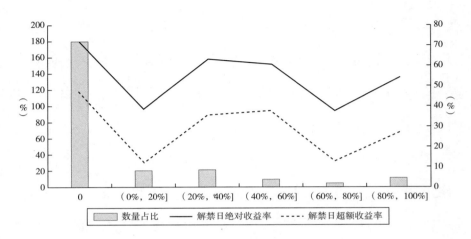

图24　2015年解禁收益大股东参与度区间分布

资料来源：Wind。

（五）2015年计算机、传媒、非银金融业解禁收益居前

从申万一级行业来看，12月解禁收益水平居首的是计算机行业，解禁收益均值高达592.17%，遥遥领先于排名其后的电子和有色金属（常铝股份纵向并购配套融资，在锁定期其进行了一次横向并购）；靠后的3个行业分别是农林牧渔、电气设备和采掘，其中采掘业解禁绝对收益率仅为5.44%，接近破发，与电气设备业一起跑输沪深300的同期涨幅。通过将本月解禁收益的行业排名与A股市场最近一年各行业涨幅排名进行对比发现：本月解禁收益涨幅居前的3个行业中计算机行业在最近一年的涨幅同样排

名第一，电子行业涨幅排名第六，而有色金属业涨幅则居倒数第六。而解禁收益排名靠后的三个行业中，倒数第一的采掘业在最近一年多的涨幅排名中亦倒数第一，电器设备居中，而农林牧渔则超过电子行业居正数第五。由此可见，本月解禁定增收益靠前的计算机、电子行业标的更多受整个行业的带动，有色金属业标的更多受自身并购重组带来估值的提升；而12月农林牧渔业进行项目融资的标的显然跑输了受行业并购重组转型带动的整体涨幅。

再从2015年全年各行业解禁收益的情况来看，计算机、传媒、非银金融业以及纺织服装业解禁收益居前，而钢铁、采掘、银行业、休闲服务业等解禁收益靠后，将2015年解禁收益的行业排名与A股市场2013年以来各行业涨幅排名进行对比发现：解禁收益居前的计算机、服装纺织业在2013年以来各行业涨幅排名居前二，而解禁收益排名第二的传媒业在2012年以来各行业涨幅排名中仅居中，非银金融在2013年以来各行业涨幅排名中则居中偏后。解禁收益靠后的在2012年以来各行业涨幅排名中也相对靠后，而2015年解禁的休闲服务业定增标的股价表现则远远跑输于2012年以来各行业以来的行业整体估值的提升。2015年计算机（"互联网＋"及新兴制造）、服装纺织（并购重组转型）行业标的解禁收益更多受行业整体估值提升的带动。

2015 年，解禁的非银金融业中有超过一半的标的为一年期项目，且在 2014 年上半年发行，受益于 2014 年四季度的券商大涨开始的牛市行情，而面临去产能、调结构风险的钢铁、采掘业标的则受行业整体估值下行的拖累。特别值得一提的是传媒行业，2015 年有 29 宗传媒业项目解禁，其中 28 宗为并购重组类（融资收购＋配套融资、借壳上市），共涉及 21 个标的，其中掌趣科技、华闻传媒分别进行了两次并购，且发行日期集中在牛市启动前的 2014 年前三季度，由此我们认为，2015 年传媒业解禁收益偏高一方面收益行业内部分龙头企业的频繁并购重组的资本运作带来的估值溢价，另一方面受益于牛市带来的波段性股价抬升，但是 2012 年以来整个传媒行业的估值并未获得市场过高的认可。如图 25、图 26、图 27 和图 28 所示。

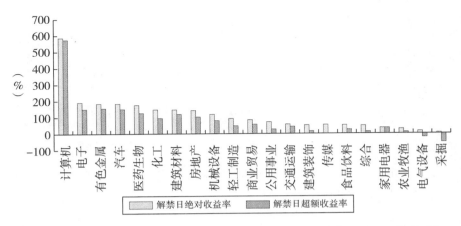

图 25　2015 年 12 月解禁定增分行业解禁日收益率均值分布（申万一级行业）
资料来源：Wind。

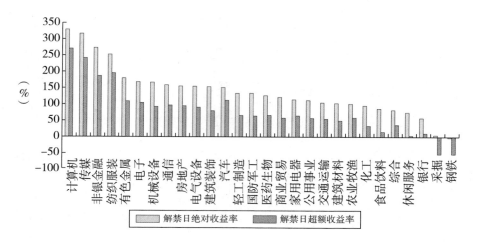

图 26　2015 年解禁定增分行业解禁日收益率均值分布（申万一级行业）

资料来源：Wind。

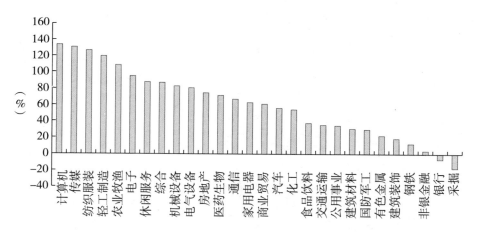

图 27　2015 年 12 月解禁定增分行业解禁日收益率均值分布（申万一级行业）

资料来源：Wind。

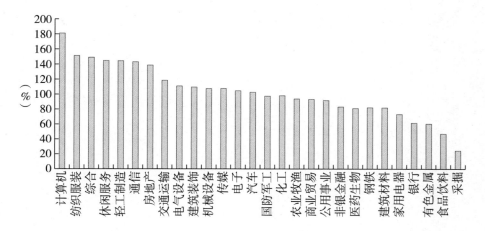

图 28　2015 年解禁定增分行业解禁日收益率均值分布（申万一级行业）

资料来源：Wind。

新三板市场实务问答

黄文彬　　申万宏源证券有限公司场外市场总部副总经理

近年来新三板飞速发展，企业上市新三板热情高涨，板上挂牌公司迅速超越主板、中小板、创业板数量总和，新三板正在成为中国多层次资本市场中重要的证券交易市场。新三板的价值发现功能可以给挂牌企业和潜在投资者提供相对公允的企业估值，在其交易流动性逐步提升的过程中，也逐渐得到投资者和市场的认可。本文介绍了新三板的基本概念、系统定位、制度特点、发展趋势，同时将之与沪深交易所和区域性股权市场进行了对比，并系统地梳理了新三板的交易规则和投资操作基础知识，以及协议转让实务和做市交易实务的具体内容，旨在帮助读者熟悉新三板市场的交易规则，从而更全面地理解新三板的发展现状和前景。

作者简介

黄文彬　具有证券从业资格，硕士研究生学历，高级人力资源管理师。1993 年 6 月进入申万宏源证券有限公司工作，历任人力资源总部副总经理、代办股份转让总部副总经理、场外市场总部副总经理等职。具有丰富的证券业务管理经验，曾参与过中国证监会、中国证券业协会的多项新三板课题的研究。

申万宏源证券公司场外市场部是国内最优秀的新三板业务团队，致力于为中小型高科技企业提供股权融资、股权交易、财务顾问等业务的服务，取得了卓越的业绩：包揽了新三板业务领域所有创新业务的第一单；包揽了推荐挂牌家数，股权融资额市场占有率的第一，也包揽了新三板业务领域中的所有奖项。截至2015 年 10 月，申万宏源证券已成功推荐 380 多家公司上新三板，为中国多层次资本市场建设做出了一定的贡献。

一、市场概况

（一）新三板定义是什么

全国中小企业股份转让系统（即"股转系统"）是非上市公众公司股权公开转让的全国性证券交易场所。股转系统中的挂牌公司，俗称"新三板"。

（二）全国股份转让系统定位是什么

1. 全国股份转让系统是全国性公开证券交易场所

全国股份转让系统是继沪深交易所之后第 3 家全国性证券交易场所，在场所性质和法律定位上，与证券交易所相同，都是多层次资本市场体系的重要组成部分。作为全国性证券交易场所，全国股份转让系统定位于非上市公众公司发行和公开转让股份的市场平台，为公司提供股票交易、发行融资、并购重组等资本市场服务，为市场参与人提供信息、技术和培训等服务。

2. 全国股份转让系统挂牌公司为公众公司

全国股份转让系统挂牌公司依法纳入非上市公众公司监管，股东人数可以超过200人。在全国股份转让系统挂牌的公司，在法律地位上，与沪深交易所上市公司属性一致。基于新三板挂牌公司属于公众公司的定位，可享受沪深交易所相同的功能定能定位，包括但不限于股票公开转让、股票定向发行、收购兼并、私募债、优先股等。

3. 全国股份转让系统主要为创新型、创业型、成长型中小微企业发展服务

全国股份转让系统主要为创新型、创业型、成长型中小微企业发展服务。境内符合条件的股份公司均可通过主办券商申请在全国股份转让系统挂牌，公开转让股份，进行股权融资、债权融资、资产重组等。申请挂牌的公司应当业务明确、产权清晰、依

法规范经营、公司治理健全，可以尚未赢利，但须履行信息披露义务，所披露的信息应当真实、准确、完整。

4. 全国股份转让系统在我国多层次资本市场体系中发挥承上启下的重要作用

作为继沪深交易所后第三家全国性公开证券市场，全国股份转让系统是我国多层次资本市场体系中发挥承上启下作用的重要一层。在全国股转系统挂牌的公司，达到股票上市条件的，可以直接向证券交易所申请上市交易；符合《国务院关于清理整顿各类交易场所切实防范金融风险的决定》（国发〔2011〕38号）要求的区域性股权转让市场进行股权非公开转让的公司，符合挂牌条件的，可以申请在全国股份转让系统挂牌公开转让股份。

（三）全国股份转让系统与沪深交易所相比具有哪些异同

全国股份转让系统与沪深交易所的法律性质和市场地位相同：同为全国性证券交易场所；监管体系相同：均由中国证监会统一监管。

全国股份转让系统与沪深交易所的区别主要体现在服务对象、制度规则设计等方面。

全国股份转让系统主要服务于创新型、创业型、成长型中小微企业，其挂牌企业与上市公司相比，"小而美"的特征十分明显。

企业规模不大、处于成长早期，但具有成熟的赢利模式，在一些细分行业占据领导地位，具有较好的成长潜力和广阔的发展前景。这类企业由于具有"轻资产"等特点，难以从银行类机构获得及时、充足的信贷资金支持，而沪深交易所较高的市场准入门槛，也让此类企业难以借力资本市场。

（四）全国股份转让系统与区域性股权市场相比具有哪些区别

全国股份转让系统与区域性股权转让市场均是我国多层次资本市场的有机组成部分。全国股份转让系统是经国务院批准，依据证券法设立的全国性证券交易场所，根据《国务院决定》相关条款，市场建设中涉及税收、外资政策的，原则上比照交易所及上市公司相关规定办理。挂牌公司依法纳入非上市公众公司监管，股东人数可以超过200人，股份可以采用协议、做市及竞价（后两种方式需满足一定条件）等方式，按照标准化交易单位连续公开转让，采用"$T+1$"规则进行交收，挂牌公司除了通过IPO申请到沪深交易所上市外，还拥有直接申请到沪深交易所上市的通道便利。

区域性股权转让市场是由地方人民政府批准设立并监管的私募市场。根据《国务院关于清理整顿各类交易场所切实防范金融风险的决定》（国发〔2011〕38 号）及《国务院办公厅关于清理整顿各类交易场所的实施意见》（国办发〔2012〕37 号）相关规定，区域性股权市场必须严格执行"非公众、非标准、非连续"的原则，即挂牌公司股东人数不允许超过 200 人，不得将股份按照标准化交易单位连续挂牌交易，且任何投资者买入后卖出或卖出后买入同一交易品种的时间间隔不得少于 5 个交易日（即 $T+5$）。

（五）全国股份转让系统具有哪些制度特点

（1）以信息披露为核心的准入制度。

①不设财务指标，关注企业规范性以及信息披露的真实性。

②尊重市场选择。运营机构不对企业价值做实质性判断，而是由主办券商着眼成长性自主遴选推荐企业，回归投资银行本质；投资者自主判断、自负盈亏；全国股份转让系统做好制度安排，提高市场运行效率。

③《全国中小企业股份转让系统业务规则（试行）》明确了挂牌准入的 6 项基本条件，同时发布挂牌条件适用基本标准指

引，最大限度地减少了自由裁量空间，落实了"可把控、可识别、可举证"的工作原则。

（2）"小额、便捷、灵活、多元"的融资制度。

①全国股份转让系统提供普通股票、优先股、中小企业私募债等多种融资工具。

②有效贯彻公司自治原则，挂牌公司可以根据自身需要，自主确定发行股份数量、融资金额，且没有时间间隔要求。

③实行一定条件下的发行核准豁免与储架发行制度。

（3）灵活多元的交易制度。全国股份转让系统提供协议、做市和竞价三种转让方式，挂牌公司可根据公司自身情况及需要（做市及竞价需满足一定条件），在三种转让方式中自主选择。三种转让方式之间可变更调整，即挂牌公司在满足规定条件和履行必要流程后可申请由一式转让方式变更为另一种转让方式。

（4）责、权、利一致的主办券商制度。

（5）严格的投资者适当性管理制度。

（六）未来新三板发展趋势如何

1. 挂牌企业快速增加

申请企业不受区域限制，不受股东所有制的限制，也不限于高新技术企业。企业踊跃参与，2015 年预计突破 4500 家。

2. 股票交易渐趋活跃

交易制度中有三种转让方式，协议转让方式、做市转让方式相继运行，竞价交易方式正在筹划中。2014 年 8 月推出做市转让以来，交易活动度有了较大的增长，相信不久的将来推出竞价交易之后，新三板交易的活跃度还会有较大的提升空间。

3. 创新业务拓展功能

新三板已有股权公开转让、股权融资、银行增信、并购及重大资产重组、优先股等功能，股权质押、私募债创新业务将不断推出。

4. 转板机制或成常态

国务院决定新三板挂牌公司符合沪深交易所上市条件的可直接转板，目前转板细则正在筹划中，证监会高层明确表态鼓励尚未赢利的互联网企业和高科技企业在新三板满 12 月后转至创业板。

5. 简化行政许可程序

贯彻简便、透明、快捷、高效原则。豁免核准及授权核准将进一步深化。

二、投资者适当性

（一）合格投资者如何界定

根据全国中小企业股份转让系统（以下简称股转系统）《投资者适当性管理细则》规定，以下两类投资者为合格投资者。

自然人投资者开户时应满足以下条件：

（1）证券类资产市值 500 万元以上（资金、股票、基金、债券、券商集合理财产品等，信用证券账户资产除外）；

（2）两年以上证券投资经验，或具有会计、金融、投资、财经等相关专业背景或培训经历。

机构投资者开户时应满足以下条件：

（1）注册资本 500 万元以上的机构法人；

（2）实缴资本总额 500 万元以上的合伙企业；

（3）集合信托计划、证券投资基金、银行理财产品、证券公司资产管理计划，以及由金融机构或者相关监管部门认可的其他机构管理的金融产品或者资产。

注：合伙企业需提供证明文件。

（二）"受限投资者、合格投资者"权限有何区别

合格投资者是指达到股转系统适当性管理要求的投资者，可以参与股转系统所有证券的买卖。

受限投资者是指达不到合格投资者条件的自然人或机构投资者，但因各种原因已经持有新三板股票，或者是挂牌公司股东。这些受限投资者只能买卖其持有或曾持有的股票。

（三）投资者可否在多家券商申请参与挂牌公司股票公开转让

投资者可以以同一证券账户在单个或多个主办券商的不同营业部买入股票。投资者卖出股票，须委托代理其买入该股票的主办券商办理。如需委托另一家主办券商卖出该股票，须办理股票

转托管手续。

（四）如何获取挂牌公司发行信息

投资者可以在全国股份转让系统指定信息披露平台 www. neeq. com. cn 或 www. neeq. cc 上获取挂牌公司发行信息。

（五）如何查询全国股份转让系统股票行情

可通过各主办券商交易软件，通达信、大智慧、同花顺、Wind 等证券软件以及全国股份转让系统官方网站（www. neeq. com. cn 或 www. neeq. cc）的"市场数据—行情信息"栏目进行查询。在全国股份转让系统官方网站上发布的股票行情延迟时间为 15 分钟。

（六）投资者当天买入的股票当天可以卖出吗，卖出股票后的资金是否能用

投资者当天买入的股票当天不可以卖出；卖出股票所得的资金当天可用来买入股票或其他证券产品，但不可从资金账户转账至对应的个人结算存款账户。

（七）定向发行的投资者门槛具体是什么

《投资者适当性管理细则》第六条规定了参与挂牌公司股票定向发行的投资者准入标准：一是符合《非上市公众公司监督管理办法》第三十九条规定的投资者；二是符合参与挂牌公司股票公开转让条件的投资者。

（八）投资者怎样参与挂牌公司的定向发行

参与挂牌公司定向发行的投资者，应当按下列步骤操作：首先，确认自身符合《投资者适当性管理细则》第六条的规定；其次，关注公司官网（www. neeq. com. cn 或 www. neeq. cc）"信息披露"栏目下挂牌公司股票发行信息以及主办券商所提供的股票发行信息，并与意向投资项目联系人进行沟通；再次，积极参与意向投资项目的路演与询价，确定投资细节；最后，按照《全国中小企业股份转让系统股票发行业务指南》进行出资缴款，并办理股份登记。

（九）挂牌公司原有股东不符合适当性要求怎么办

挂牌公司原有股东如不符合投资者适当性要求，则只能买卖其持有或曾持有的挂牌公司股票。

三、交易规则与投资操作基础知识

（一）全国股份转让系统可以提供哪几种转让方式

全国股份转让系统共有三种股票转让方式，分别是协议转让、做市转让和竞价转让。

现阶段，由于竞价转让方式的相关条件尚未明确，挂牌公司股票实际上可以选择的只有做市转让方式和协议转让方式。考虑到竞价转让方式的实施需要一定的市场积累和技术准备，竞价转让的实施条件、竞价转让方式的确定及有关变更要求，将由全国股份转让系统公司另行制定。

（二）是否能同时选择做市转让方式和协议转让方式，由谁决定

做市转让方式与协议转让方式只能两者取其一。根据《全国中小企业股份转让系统股票转让方式确定及变更指引（试行）》，挂牌公司股票的交易方式由挂牌公司自主选择。

此外，根据《全国中小企业股份转让系统股票转让细则（试行）》（以下简称《股票转让细则》）相关规定，公司在挂牌时申请股票采取做市转让方式，或已挂牌的公司申请在协议和做市之间变更股票转让方式的，需要有 2 家以上做市商愿意为挂牌公司提供做市报价服务，或者做市商同意退出做市。因此，在实务中，除要求申请挂牌的公司或挂牌公司向全国股份转让系统公司提交相关申请外，还需要做市商明确表明其同意做市或自愿退出做市的意见。

（三）全国股份转让系统股票交易时间、计价单位、最小交易单位、涨跌幅等方面的基本规定有哪些

1. 转让时间

全国股份转让系统股票转让时间为每周一至周五 9：15 至

11：30、13：00 至 15：00。转让时间内因故停市，转让时间不作顺延。遇法定节假日和全国股份转让系统公司公告的休市日，全国股份转让系统休市。

2. 计价单位

股票转让的计价单位为"每股价格"，股票转让的申报价格最小变动单位为 0.01 元。

3. 最小交易单位

股票买卖申报数量应当为 1000 股或其整数倍，卖出股票时，余额不足 1000 股的，应当一次性申报卖出。此外，单笔申报最大数量不得超过 100 万股。

4. 涨跌幅限制

全国股份转让系统对股票转让不设涨跌幅限制。

（四）投资者需承担的交易税费有哪些

投资者参与全国股份转让系统交易，需要缴纳转让经手费、佣金、交易印花税。

1. 转让经手费

全国股份转让系统按照成交金额的 0.5‰ 双边收取。

2. 佣金

根据中国证监会等联合下发的《关于调整证券交易佣金收取标准的通知》规定，主办券商向客户收取的佣金（包括代收的证券交易监管费和证券交易所手续费等）不得高于证券交易金额的 3‰，也不得低于代收的证券交易监管费和证券交易所手续费，全国股份转让系统佣金标准适用此通知的上下限规定。

3. 交易印花税

根据《关于在全国中小企业股份转让系统转让股票交易印花税政策的通知》的要求，交易印花税应按实际成交金额的 1‰，由出让方缴纳。

（五）如何确定股票是做市转让还是协议转让

比较简单的办法是登录股转公司网页 http://www.neeq.com.cn/marketing，在查询框内输入代码查询，查询框下方可以查询到该

股票的转让方式。如下图所示。

查询股票转让方式

四、协议转让实务

（一）全国股份转让系统协议转让方式下有什么委托类型

协议转让方式包括意向委托、定价委托、成交确认委托三种委托类型。需要注意的是，目前全国股份转让系统交易支持平台仅支持定价委托、成交确认委托，意向委托将在后续相关技术开发完成后实施。意向委托是指投资者委托主办券商按其确定价格和数量买卖股票的意向指令，意向委托不具有成交功能。意向委托应包括证券账户号码、证券代码、买卖方向、委托数量、委托价格、联系人、联系方式等内容。

定价委托是指投资者委托主办券商按其指定的价格买卖不超过其指定数量股票的指令。定价委托包括证券账户号码、证券代码、买卖方向、委托数量、委托价格等内容。成交确认委托指买卖双方达成成交协议，或投资者拟与定价委托成交，委托主办券商以指定价格和数量与指定对手方确认成交的指令。成交确认委托应包括：证券账户号码、证券代码、买卖方向、委托数量、委托价格、成交约定号等内容；拟与对手方通过互报成交确认委托方式成交的，还应注明对手方交易单元代码和对手方证券账户号码。

（二）投资者以协议转让方式买卖股票的操作流程是什么

协议转让主要有三种成交方式，对应的流程分别为：

一是点击成交方式，即投资者根据行情系统上的已有定价申报信息，提交成交确认申报，与指定的定价申报成交；

二是互报成交确认申报，即投资者通过其主办券商、全国股份转让系统指定信息披露平台等途径，寻找欲转让的交易对手方，双方协商好交易要素和约定号，然后双方均通过全国股份转让系统提交约定号一致的成交确认申报，全国股份转让系统对符合规定的申报予以确认成交；

三是投资者愿意以一定价格转让一定数量股份，则可以提交定价申报，除了盘中会与成交确认申报成交外，在每个转让日15：00 收盘时，全国股份转让系统对价格相同，买卖方向相反的定价申报进行自动匹配成交。

（三）协议转让的开盘价与收盘价怎么形成

在协议转让方式下，开盘价为当日该股票的第一笔成交价格，收盘价为当日最后 30 分钟转让时间的成交量加权平均价格。最后 30 分钟无成交的，以当日成交量为权重计算的加权平均价格为收盘价，当日无成交的，以前收盘价为当日收盘价。

（四）协议转让有无集合竞价环节

协议转让无集合竞价环节。

（五）协议转让过程中投资者应注意哪些问题

投资者协议转让股票，需要注意：

（1）协议转让没有涨跌幅限制，因此定价申报时需要准确填写申报价格，谨防出现价格错误被对手方点击成交；

（2）互报成交确认申报双方填报买卖方向相反、数量、价格、约定号等必须完全一致，否则会导致申报失败做撤单处理；

（3）对拟与定价申报成交的成交确认申报，如系统中无对应的定价申报，该成交确认申报会作撤单处理，不会保留在系统中；

（4）定价申报方式可能会被任意投资者点击成交，因此，如投资者欲与确定对手方成交，请选择互报成交确认申报方式。

（六）是否可以通过互报成交确认申报方式成交不足1000 股的股票

可以，卖方所持余股不足 1000 股时，应一次性全部卖出。

五、做市交易实务

（一）做市交易是什么

做市交易是指转让日内，做市商连续报出其做市证券的买价和卖价，若投资者的限价申报满足成交条件，则做市商在其报价数量范围内按其报价履行与投资者成交义务。

（二）全国股份转让系统做市转让方式下有什么委托类型，如何成交

做市转让方式下，投资者只可进行限价委托。限价委托是指投资者委托主办券商按其限定的价格买卖股票的指令，主办券商必须按限定的价格或低于限定的价格申报买入股票；按限定的价格或高于限定的价格申报卖出股票。

限价委托包括证券账户号码、证券代码、买卖方向、委托数量、委托价格等内容。

全国股份转让系统对到价的限价申报即时与做市申报进行成交；如有2笔以上做市申报到价的，按照价格优先、时间优先原则成交。成交价以做市申报价格为准。

做市商更改报价使限价申报到价的，全国股份转让系统按照价格优先、时间优先原则将到价限价申报依次与该做市申报进行成交。成交价以做市申报价格为准。

到价是指限价申报买入价格等于或高于做市申报卖出价格或限价申报卖出价格等于或低于做市申报买入价格。

限价申报之间、做市申报之间不能成交。

（三）做市商制度如何分类

有两种分类。一种分为传统做市商制度与混合做市商制度；另一种分为竞争性做市商制度与垄断性做市商制度。

传统做市商制度：投资者之间、做市商之间不能成交。

混合做市商制度：投资者之间、做市商之间可以成交。

竞争性做市商制度：由 2 家以上的做市商为一家挂牌公司做市（NASDAQ 系统）。

垄断性做市商制度：即每只证券有且仅有一个做市商（纽约证券交易所）。

全国股转系统于 2014 年 8 月下旬采用"传统且竞争性"的做市商制度，是最有利于投资者的做市转让制度。

（四）传统竞争性做市商制度有何优点

（1）两家以上做市商履行双向、持续报价；投资者也可以限价方式进行买卖双向报价。

（2）投资者之间、做市商之间不能成交，可以有效防止做市商联合侵害投资者利益。

（3）由 2 家以上的做市券商为同一家挂牌公司做市，其竞争性连续报价机制可有效压缩做市商买卖价差空间，回归"流动性提供者"的做市制度本意。

（4）多家做市商和投资者之间在同一股票买卖的多方博弈中，产生较为合理的估值价格，这个价格也是市场相对公允的价格。

（五）做市商有何义务

（1）每个转让日内做市商应持续发布双向报价，在报价价位和数量范围内履行做市成交义务。最迟应于上午 9：30 发布双向报价。双向报价时间应不少于每个转让日做市转让撮合时间的 75%。

（2）同次报价卖出和买入价差大于零且不超过卖出价格的 5%。

（3）做市商前次做市申报撤销，或其中申报数量经成交后不足 1000 股的，做市商应于 5 分钟内重新报价。

（4）做市商证券账户及交易单元管理：在中国结算开立做市专用证券账户，退出或终止为挂牌公司股票做市，应将库存股票转出做市专用证券账户。做市商证券自营账户不得持有其做市的股票或参与做市股票的买卖。做市商开展做市业务应使用专用交易单元。

（5）做市商库存股票管理：挂牌时即选择做市转让方式的股票。初始做市商合计应取得不低于总股本 5% 或 100 万股（以孰低为准）。每家做市商不低于 10 万股的做市库存股票后续加入的做市商，在做市前应当取得不低于 10 万股的做市库存股票。

（六）做市转让方式和协议转让方式的区别

做市转让方式和协议转让方式的区别

区别	协议转让方式	做市转让方式
报价方式	定价委托申报、协议定价成交委托（点选委托申报）、互报成交委托	做市商买卖双向申报 投资者限价委托申报
报价义务	投资者没有必须报价的义务，自愿报价	做市商必须持续发布双向报价；投资者则自愿参与报价
成交机会	少：买卖报价很少，成交机会更少	多：每天持续报价，成交机会很多
定价合理性	随意性强、定价无公允性	做市商专业估值定价、具有市场公允性

（七）做市商制度的作用

1. 价值发现

做市商通过专业估值促使股票价格更趋近于其实际价值。

2. 增强流动性

做市商以自有资金与股票进行交易，为市场提供流动性。

3. 稳定市场

做市商通过股票双向报价和交易平抑价格波动，增强市场稳定性。

（八）投资者与做市商交易需要注意哪些问题

做市转让方式下成交价格均以做市商报价为准，投资者在下单前应参考做市商的报价信息，不宜以偏离做市商做市申报价格过多的委托价大量下单。因为，投资者到价订单即时与做市申报撮合成交，若投资者以高价大量委托买进或低价大量委托卖出，当做市申报数量全部成交后，做市商可能更改报价，此时投资者价格偏高的订单或价格偏低的订单可能以较为不利的价格成交。

（九）做市转让下的开盘价与收盘价怎么形成

做市转让方式下，当日该股票的第一笔成交价为开盘价，当日该股票的最后一笔成交价为收盘价，当日无成交的，以前收盘价为当日收盘价。

六、特别交易事项及其监管

（一）什么情形会导致股票暂停转让，如何操作

根据《全国中小企业股份转让系统业务规则（试行）》（以下简称《业务规则》），挂牌公司发生下列事项，应当向全国股份转让系统公司申请暂停转让，直至按规定披露或相关情形消除后恢复转让：

（1）预计应披露的重大信息在披露前已难以保密或已经泄

露，或公共媒体出现与公司有关传闻，可能或已经对股票转让价格产生较大影响的；

（2）涉及需要向有关部门进行政策咨询、方案论证的无先例或存在重大不确定性的重大事项，或挂牌公司有合理理由需要申请暂停股票转让的其他事项；

（3）向中国证监会申请公开发行股票并在证券交易所上市，或向证券交易所申请股票上市；

（4）向全国股份转让系统公司主动申请终止挂牌；

（5）未在规定期限内披露年度报告或者半年度报告；

（6）主办券商与挂牌公司解除持续督导协议；

（7）出现依《公司法》第一百八十条规定解散的情形，或法院依法受理公司重整、和解、破产清算申请。

挂牌公司未按规定向全国股份转让系统申请暂停股票转让的，主办券商应当及时向全国股份系统公司报告并提出处理建议。

（二）达到什么条件股票可以恢复转让，如何操作

当导致挂牌股票暂停转让的事项已按规定披露或相关情形消除后，挂牌公司可以向全国股份转让系统申请恢复转让。

（三）哪些行为算异常交易

根据《股票转让细则》第一百一十三条，可能影响股票转让价格或者股票成交量的异常转让行为包括：

（1）可能对股票转让价格产生重大影响的信息披露前，大量或持续买入或卖出相关股票；

（2）单个证券账户，或两个以上固定的或涉嫌关联的证券账户之间，大量或频繁进行反向交易；

（3）单个证券账户，或两个以上固定的或涉嫌关联的证券账户，大笔申报、连续申报、密集申报或申报价格明显偏离该证券行情揭示的最近成交价；

（4）频繁申报或撤销申报，或大额申报后撤销申报，以影响股票转让价格或误导其他投资者；

（5）集合竞价期间以明显高于前收盘价的价格申报买入后又撤销申报，随后申报卖出该证券，或以明显低于前收盘价的价格申报卖出后又撤销申报，随后申报买入该证券；

（6）对单一股票在一段时期内进行大量且连续交易；

（7）大量或者频繁进行高买低卖交易；

（8）单独或者合谋，在公开发布投资分析、预测或建议前买入或卖出相关股票，或进行与自身公开发布的投资分析、预测或建议相背离的股票转让；

（9）申报或成交行为造成市场价格异常或秩序混乱；

（10）涉嫌编造并传播交易虚假信息，诱骗其他投资者买卖股票；

（11）全国股份转让系统公司认为需要重点监控的其他异常转让。

根据《股票转让细则》第一百一十四条，股票转让价格或者股票成交量明显异常的情形包括：

（1）同一证券营业部或同一地区的证券营业部集中买入或卖出同一股票且数量较大；

（2）股票转让价格连续大幅上涨或下跌，且挂牌公司无重大事项公告；

（3）全国股份转让系统公司认为需要重点监控的其他异常转让情形。

此外，根据《全国中小企业股份转让系统股票异常转让实时监控指引（试行）》，采取协议转让方式的股票，投资者成交价格较前收盘价变动幅度超过50%时，全国股份转让系统公司将于相关情形发生后在其网站逐笔公告相关成交信息，内容包括：证券代码、证券简称、成交价格、成交数量、买卖双方证券账户名称、主办券商证券营业部或交易单元的名称等。

新形势下投行服务形式的转型

张瑜洋　民生证券资本市场部副总经理

星移斗转，春江水暖。新年景，新机遇。经历了 2015 年的震荡洗礼，2016 年资本市场带着新枝、迎着春风，将开启繁盛的新起点。作为"十三五"规划的开局之年，随着市场监管和法律法规的全面完善，资本市场业务的创新将全面开花。各个券商都在抓住大机遇适时变革，"以客户为中心、以创新为驱动"，致力于资本市场的供给侧改革，实现市场、客户和券商的三方融合，共同走向资本市场新繁荣时代。

作者简介

　　张瑜洋　律师，民生证券资本市场部副总经理，具有 8 年律师执业经验，自 2008 年进入民生证券股份有限公司从事投资银行业务，先后在质控部和资本市场部从事企业上市内核、项目融资、并购重组及发行承销工作。

2015 年，是我国全面深化改革的关键之年，也是全面完成"十二五"规划的重要一年。稳中求进是各项经济工作的主基调，提高经济发展的质量和效益是经济工作的重心。2016 年，全球经济调整分化格局未变，不确定不稳定因素增多，中国经济虽然仍处于转型升级的阵痛期，但新的增长动力不断培育，孕育着提质增效创新发展的新机遇！

一、中国证券业所处大背景分析

中国证券业处于政策变革、服务转型与业务创新快速推进的大变革时代。应对瞬息万变的市场，顺势转型已成为摆在传统投行面前的主要课题，只有从战略和服务层面进行适应型转型，才将有可能打造一个券商投行的核心竞争力。

（一）投行单一业务模式风险毕露

在二级市场低迷，IPO 大幅收缩的年份，投行单一业务模式风险毕露，越是高度依赖承销甚至 IPO 承销的券商的投行业务，面对市场的变化，业绩波动也将越大。在过去的两三年间，业内领先的综合实力较强、规模较大的投行目光敏锐，已经及时向全能型大投行转变，从"产品为中心"转向"客户为中心"。种种迹象表明，券商投行未来的发展趋势将是向股权融资、债券融资、并购重组等业务上都具备实力的综合投行服务商发展。以海外标杆投行——高盛为例，其经营特征和成功之道对中国券商寻找适合本土市场环境的投行业务转型与创新具有很强的借鉴经验。高盛创造性地将传统投行的执行具体交易与承揽业务（维护客户关系）分离开来。高盛认为，传统的投行人员执行交易时，他没有时间出去兜售业务或者使用其附加服务维护客户利益最大化，如果将承揽业务分开，就能及时发现客户需求并抓住新的业务机会。这个负责招揽客户的新业务部门，后来被重新命名为"投资银行客户服务部"（Investment Banking Service，IBS）。新部门成立之初深挖客户需求，积极鼓励各种新点子的应用，随着时间推移，创新的业务模式让高盛具备竞争优势脱颖而出，也迫使华尔街投行的主要竞争对手采取了类似的改革措施。

（二）国内券商投行积极践行转型

国内券商中积极践行转型的投行很多，业内领先的券商投行们都在逐步建立起一套有各自特色适应中国国情的机构客户投资银行业务体系，形成了以客户需求为驱动的内部架构。以华泰联合证券为例：整合之后的华泰联合 2012 年重点放在了制度和文化的"渐进式"融合中，而非简单对"高盛"IBS 的复制，华泰联合逐步打造一个适应自身业务发展的大投行支持平台，成立金融创新部（战略客户部），向一线业务人员在行业研究、销售定价、培训和知识体系管理等方面提供支持。将华泰联合证券融入华泰系整个业务链中，做到不单纯以项目为中心，而是以客户为中心打通投行业务上下游产业链，建立和目标企业长期的共同成长机制，和公司其他部门协同作战，立足于为企业的全生命周期提供全方位服务。

（三）转型背后的根源

无论是组织架构的转变、行业研究能力的强化、客户关系部门的组建，抑或是公司资源的协调整合，均可看出近年来国内多家券商的调整与转型特征背后，实质上预示着未来投行整体作业模式的改变。而这样作业模式的整体变革，归根结底源于投行业务向为客户提供综合金融服务的本源回归。

二、"通道业务模式"向"非通道业务模式"转向势在必行

无疑，投行必须颠覆"通道业务模式"，向"非通道业务模式"转向势在必行。观察国际大投行的收入结构可以发现：纯承销业务并非综合性券商的主流业务，承销收入仅会占券商总业务收入的10%～20%，财务顾问等非通道业务的收入占比将持续上行；国内领先投行在业务开展中，股权承销与债券承销收入旗鼓相当，投行在债券市场也有较大的收入成长空间。当前国内券商资本中介业务也在蓬勃发展，正指引投行试水新三板、资产证券化等创新业务。而创新的基石是提高产品设计、定价与自主配售能力。如何重构内部平台架构，增进这一能力，各家投行都在求索。

（一）投行业务为客户提供综合金融服务的根本目标

投行业务为客户提供综合金融服务的根本目标就是为客户创造价值，通过从企业创业时的私募融资、项目融资、扩张购并的杠杆融资直到企业改制重组、上市辅导、公募发行乃至股票上市后的一系列资本运作，使企业的未来价值能够在资本市场得以真实反映和实现。因此，投行提供的金融服务，不再简单的是一种孤立服务或销售，而是依托公司平台的成套解决方案。只有将这样的增值服务作为投行的核心经营理念，才可能真正实现券商与客户的共赢。

（二）民生证券投行事业部的业务和机制创新转型

民生证券投行事业部秉承公司"守正创新"的经营理念，不断进行业务和机制创新转型。民生投行结合自身的发展现状，以服务于"成长型企业"为目标，坚持"以客户为核心与客户共长""以创新谋发展"，致力于成为客户的成长顾问；以客户需求为导向，为客户提供股权融资、债权融资、并购重组和各类资本运作财务顾问等全方位金融服务，实现从"服务中介"向

"服务中介＋资本中介＋资本投资"的战略转型。

1. 客户服务模式的创新与转型

面对市场环境的变化以及客户需求的多样性，我们通过对各家券商服务转型动向的研究比较，借鉴领先券商的创新经验，2015 年之初即对投行组织架构进行了调整，着手投行客户服务模式的创新与转型，形成大投行形态的资源调配方式，投行增设 IBS 部门，即 IBS 团队是客户沟通的主要端口，以客户为导向，负责对目标客户的需求的挖掘与跟踪分析、持续取得客户全产品业务机会，进行全产品覆盖，组织调配公司内外资源为客户提供整体解决方案和全产品服务。全面了解和深入分析客户所在行业特点和经营状况，根据客户的投融资需求和发展需要，在资本运作、企业管理、发展战略等方面为客户提供专业化建议和定制化方案，重视并满足客户的每一项需求、帮助客户实现快速成长和规范化运作为原则，为客户提供全程、贴心的高品质服务。从而真正赢取客户的信赖，建立长期战略合作伙伴关系，实现投行与客户的互利共赢。该部门人员在特性上更专注于创新业务的开拓，刻意回避投行项目承做的背景，排除项目承做利益因素的干扰，更自觉地将执行项目置于公司全过程管控体系之下，最大限度地控制风险。IBS 将服务的触角及时伸向客户终端，为客户提供量身定制的、专业化的融资、投资、并购等各类资本运作服务，分析、发掘、跟踪上市公司客户的深层次需求。该部门依托民生投行扎实的保荐能力和客户对民生投行的黏着力，负责整合、协调、利用公司各部门的资源和产品，根据客户的需求，为客户提供专业化的解决方案和增值服务；满足客户在交易业务（大宗交易、股权转让、股东减持、市值管理等）、融资业务（股权质押等）、投资者关系管理、资产管理业务、并购业务等方面的需求；向上市公司客户推荐公司各业务线的产品，实现客户价值的最大化。

全面的投资银行产品线，如下图所示。

■ 股权融资：IPO、再融资、可转债的承销与保荐
■ 债券融资：企业债、公司债、中小企业私募债券的承销
■ 并购重组：兼并收购、资产重组、债务重组
■ 新三板：推荐挂牌、定向融资
■ 财务顾问：私募融资等财务顾问服务
■ 金融创新：资产证券化、战略管理咨询与银行、信托、投资公司等合作的综合融资

全面的投资银行产品线

2. 资本市场部定位的变化

传统投行的资本市场部是协调公司投资银行、研究、销售等

部门共同完成信息披露、推介、簿记、定价、配售和资金清算，组织证券发行与承销的行为的一个部门，担任投行事业部内"防火墙"的角色。随着"注册制"改革的推进，资本市场部将不再仅仅处理一些事务性工作，如安排路演活动、进行被动的客户维护等，而是被赋予了更专业的估值、定价、配售和销售的职能。投行业务要在承揽、承做、定价、销售、交易、投资等各环节实现一体化发展。那么，资本市场部负责投行项目后端工作也将不再被视为"鸡肋"，其在证券发行市场化改革中的重要性，愈加受到各家券商的认同，彻底摒弃"重材料，轻定价"的风气。从外部视角看资本市场部是各利益的协调和平衡者，作为发行定价的主导者，符合市场期待的定价水平是其核心，一方面，发行人觉得发行价体现了公司价值，股票没有被贱卖；另一方面，投资者觉得在既定的定价水平上股票具有中长期投资价值。"注册制"下，销售定价能力将被各家券商资本市场部视为"第一竞争力"。为此，民生投行资本市场部定位也适时发生变化，由后台向中、前台推动转型，职能也更加丰富。在项目立项之初资本市场部即参与其中，协助前台业务的项目开拓，将后期发行阶段的承销与前期承做结合统一。资本市场部未来从组织架构层面对投行的销售和客户关系管理进行了调整，对客户细分后加强核心客户覆盖能力，并逐步推行销售团队的组建，提升专业化服务能力。

3. 从"以项目为中心"到"以客户为中心"

　　民生投行对 IBS 部门和资本市场部的部署基于在传统投行模式下都是"以项目为中心"，这种经营理念显然不适应国内投行业务多样化的发展趋势。如在 IPO 项目操作过程中，投行往往更多的是从自身业务收入出发设计融资方案，而忽视了客户的融资成本与远期财务规划。各个项目组独立性较强，承做和承揽没有截然区分，原有的状态导致在运用公司整体资源为一些长期客户提供全产品服务方面显得力不从心，项目一结束，项目团队就奔赴下一个项目，虽然有持续督导，但是并没有从机制上去关注客户的需求。在本轮投行转型与变革的形势下，如果从增值服务的经营理念出发，那么投行在项目操作上就有必要对企业的行业发展空间与压力、潜力做出判断，调整财务结构，进而确定其合适的融资额度，并通过一系列的包括未来融资方案的设计，将多种融资工具整合，确立适合该企业的个性化的融资体系，提供后续的资本运作和财务管理服务。从"以项目为中心"逐步调整为"以客户为中心"，将更多的精力放在行业专业化能力的建设上，投入更多精力在优势行业中，长期跟踪客户的需求，整合投行内部的资源服务客户，做到在客户有需求的时候，能够给予客户很好的建议并落实，并能根据客户的具体情况，适时引导客户产生新的需求。在行业分布方面，重视并深入挖掘传统产业客户，同时大力开发节能环保、互联网及新一代信息技术、生物医药、高端装备制造、新能源和新材料等新兴产业客户。目前，民生证券已逐步确立了自己的优势行业，在食品、节能环保、互联网、交通基建和医药等行业培养了一批优质客户，未来将会走专业化道路，在优势行业中持续跟踪及投入，积淀影响力。民生投行在搭建大投行平台的建设中，转型力求平稳，将 IBS 部门和资本市场部打造成特色化、专业化的机构客户服务部门，从民生公司层面，打通各业务线的壁垒，让各业务线的机构客户资源形成共享，既有利于其协作互补、发挥综合优势，又避免了无序竞争、内部撞车的情况发生。

三、券商转型机制的共通之处

（一）资源的协调与整合

通过观察前沿券商的转型机制我们发现各个券商共通之处，

就是强调大投行资源的协调与整合，重点是客户资源与渠道的共享。组建跨业务条线无边界的综合营销模式，该模式已经在券商内部开始慢慢达成共识。资源的协调与整合目前主要来自两个方面：一方面，是整合公司内部客户资源，形成资源优化配置。如平安证券进行的整合银行、保险等客户资源体系，以及国泰君安致力于建立的投行、机构部、私人银行等客户资源的共享平台，形成了以客户需求为驱动的内部架构；另一方面，是整合来自客户的多方面投融资需求，体现在全业务链的部门配合与交叉销售。重视客户关系的维护与客户开发体系的建立。越来越多的券商成立了专职的客户关系维护部（特别是针对公司的核心战略客户），目的就在于提前挖掘、引导客户的深层次需求，抢占业务先机。当然，客户开发与维护的形式与方法也是越来越丰富，包括了层出不穷的投行 VIP 客户俱乐部、定期的培训会、产品演示会等。

（二）未来"大投行"的发展模式

如何通过客户增值服务理念的改变进而达到建立和维持与客户长期合作关系的目的呢？那就应当从内外两个方面来考察。一方面，从面对客户来说，投行的专业信誉、执业素质是赢得长期客户的基础；另一方面，从内部的管理机制来说，应将客户资源管理好，形成有效的业务源泉。投行应当建立起覆盖企业融资类客户和市场投资类客户的全面信息管理系统，同时辅之以客户分级制度、跟踪调整系统，以此作为投资银行核心实力的基础。

对应未来"大投行"的发展模式，我们将传统投行项目团队独立化"单打独斗"的运作称为"分散化模式"，该模式在股权和债券最初融资时，发挥着无可比拟的高效作用，但是越靠业务后端问题暴露越多，投行业务线越发展到后端的服务，就更多地需要更加"集中化"的大投行运作模式，也更加强调客户资源管理体系对业务的强大支撑。民生证券成立的IBS部门，结合大投行模式和分散项目团队模式的有益之处，做到全业务链的真正延续。部门未来还将引进有经验的客户维护人才，进行客户调研、客户潜在需求分析与价值挖掘，紧盯原有客户群的个性化需求，满足其再融资和大宗交易、减持等交易需求。这就是弥补项目团队在后端服务层面的短板而做的专门调整。

（三）新服务模式开启的意义

未来可见，新服务模式的开展不仅将为投行带来业务全价值链拓展收益，还将彻底改变整个公司的运行模式。传统意义上的投行业务变革之门已经开启，只有加快投行业务转型，使公司投行业务真正转型到为客户提供一体化综合金融服务的路子上去，充分发挥协同效应，才能为公司其他业务发展助力，并可能从券商竞争分流中突围出来！

刍议新时期从业人员的素质要求

吕建红　太平洋证券固定收益总监、固定收益总部总经理

经过二十多年的发展，中国资本市场正在逐步走向成熟，形成了涵盖股票、债券、期货的市场体系。这一体系有力地支持了中国经济，为构建现代金融体系、推动多种所有制经济共同发展做出了重要贡献。近年来，市场各个要素都在经历着深刻的变化。

作者简介

吕建红　1998 年获得清华大学自动化系工学硕士学位，2006 年获得香港大学商业与经济学院硕士学位。曾先后在中信集团、湘财证券股份有限公司、香港国际金融社控股有限公司、西部证券股份有限公司、天风证券股份有限公司任职。2014 年 11 月至今，在太平洋证券股份有限公司固定收益总监，兼任固定收益总部总经理。

一、资本市场发展现状

（一）多层次资本市场架构逐渐形成

多层次资本市场，主要包含多层次股票市场和多层次债券市场。权益类市场有主板、中小板、创业板、全国中小企业股份转让系统（新三板），以及各个地方的股权交易中心。

主板市场先于创业板市场产生，相对创业板市场而言，主板市场是资本市场中最重要的组成部分。主板上市企业多为市场占有率高、规模较大、基础较好的大型成熟企业，很大程度上能够反映经济发展状况。中国内地的主板市场包括上海证券交易所和深圳证券交易所，对发行人的营业期限、股本大小、赢利水平、最低市值等方面的要求标准较高。

创业板又称为二板市场，是主板市场的重要补充。上市企业主要是创业型企业、中小企业和高科技产业企业，在上市门槛、监管制度、信息披露等方面和主板市场不同。

新三板与交易所市场在法律地位上没有区别，主要区别在于服务对象、交易制度和投资者适当管理制度三方面。新三板主要为创新型、创业型和成长型中小微企业提供资本市场服务，交易所市场主要服务于成熟企业。新三板采用协议转让、做市转让及竞价转让等交易制度，交易所市场主要提供竞价转让和大宗交易协议转让等标准化的方式。投资者准入方面，新三板的投资者适当性管理制度比交易所市场更严格。

区域性股权市场与新三板的区别在于，新三板是中国证监会监管的全国性证券市场，是公开市场，可以连续、标准化交易；区域性股权市场属于非公开市场，由省级地方政府设立和管理，是非公开、非标准和非连续的市场。

固定收益类的多层次市场主要包括银行间市场、交易所市场和机构间报价系统等。

债券市场的分层可以从发行者角度来划分，如国债、公司债、中小企业债、住房抵押债、银行附属资本债等。公司债又可以进一步细分为上市公司债、企业债、中期票据、短期融资券等。公司债分层的一个重要因素是清偿顺序不同，特别是在涉及发生违约或破产清算时，有抵押品和无抵押品、优先级债和非优先级债、可转换债和不可转换债，在清偿的顺序安排上所处的位置不一样。另外，公司债分层还可以按其信用评级来进行，这既涉及债券本身的信用评级，也涉及发行主体的信用评级，同一公司发行的债券其信用评级也会不同。目前市场上常见的各种信用评级级别在分层结构上大同小异，如从 AAA 到 AA、A，到 BBB、BB、B，还有 CCC、CC、C，以及带上"＋"和"－"的相应级别，形成各种不同的组合。

（二）融资主体和融资形式多元化

长期以来，我国资本市场建设的主要目的在于服务实体经济，为了满足融资主体和融资形式的多元化而构建多层次资本市场。如今，从资本市场获得资金的不仅仅是以往的重资产或者大体量的企业，众筹模式甚至可以给哪怕一个"主意"进行融资服务；融资的形式也突破了以往传统的股权和债权方式，各种类股权、类债权、夹层基金、收益互换等不一而足。

（三）投资者风险偏好差异化

在考察投资者时不难发现，与以往相比，投资者的风险偏好显现出更加明显的差异化。从低风险的国债，到高风险的非上市公司的私募债券，从上市公司的优先股到非上市公司的股权众筹都各自拥有自己的投资者群体。

二、面临的挑战

（一）直接融资比例低，主要融资方式还是银行贷款

我国总体金融结构仍以银行间接融资为主，资本市场制度尚不完善，直接融资占比仍然偏低，宏观杠杆率高企的同时经济金融风险集中于银行体系。2015 年前 8 个月，我国直接融资占社会总融资比重 18.7%，比 5 年前上升 6.7 个百分点，但发达国家的直接融资比重，从 20 年前的 60% 左右开始逐步增长，美国约为 80%。原来以传统商业银行贷款为主要融资方式的日本和德国，

直接融资比例也已经上升到 70% 以上。发展中国家从 20 年以前的 40% 左右一路上升，目前直接融资比例远高于我国。

中国股市最初的设计是为国有企业服务，现在股票上市仍有严格的审批环节，大量企业无法满足上市门槛，即使是很多优秀的民营企业也不例外，还多次由于市场情况变化而暂停 IPO（首次公开募股）。新三板推出后，部分弥补了多层次资本市场断层和券商业务断层等问题，但新三板目前缺乏流动性，这也直接影响了企业融资效率。

从债券市场的结构看，债券市场以政府信用和银行信用为主，公司信用债不发达。各类政府债券、金融债占市场规模近 70%；非金融企业债券存量中又以中央和地方国有企业为主。2015 年 1～8 月，在银行间发行的中期票据、短期融资券、定向工具总金额在 3.2 万亿元左右，其中国有企业占比高达 90%，民营企业占比 7%。由于交易商协会会员大都是商业银行及部分非银行金融机构，因此债券的购买者实际主要是金融机构而不是普通公众和一般企业，债券融资已逐渐趋同于银行贷款的间接融资属性。形成这一格局的原因在于，我国债券市场目前以银行间市场为主体，商业银行是市场组织核心，既是承销主体，也是投资主体。而银行体系天然为大型企业服务，民营企业、中小微企业、创业型企业多数缺乏信用和担保，很难通过债券市场融资。

（二）证券发行烦琐和监管低效

证券发行和交易行政化、计划化、审批化。长期以来，我国证券发行和交易是行政化、计划化和审批化，这是制约中国资本市场发展的一大障碍。股票、债券发行要经过层层审批。《证券法》虽然规定证券发行实行核准制，实质上还是审批制。目前，虽然不控制额度和规模，但对拟上市公司还实行严格审核制度。债券市场还存在多头建设、多头管理的问题。公司债、企业债和中期票据等分属证监会、发改委和人民银行等部门管理，在发行审批上，部门之间横向职权多头分割、自成体系，导致债券市场发展缓慢。

未来股票发行注册制落地后，政府行政职能与市场功能应进一步明确界限，改变监管内容与方式。证监会的主要职能是监督管理上市公司合法经营，维护资本市场秩序，打击和惩罚各种违法行为，保护投资者合法权益，进而保障资本市场健康运行。多年来证监会把主要精力放在对新股发行的审核上，没有更多精力对上市公司和市场进行有效监管。未来应将事前审核转变为事中和事后监管。

现有债券品种也应构建科学规范的债券分类体系，尽快实现同类发债主体按相同注册条件、披露规则、监管制度发行债券。将相关服务、监管职能适度集中于专职监管部门，构建职责明确、功能协调、信息共享的服务监管体系。

（三）投资者权益保护问题

多层次资本市场建设与完善，离不开投资者的全程全面参与。长期以来，中国股市发展的首要任务是服务实体经济，主要目标是完善融资功能。但市场参与者有不同的利益诉求，融资方和投资方潜在的利益冲突很大。过分偏重资本市场的融资功能，必然过度重视融资方的利益，而忽视那些为资本市场提供资本来源的投资者，尤其是中小投资者。资本市场的上市公司违法、管理层违规等侵害中小投资者利益的现象屡禁不止，操纵市场、内幕交易等现象层出不穷，还有上市公司的"圈钱"行为，即是市场融资方与投资方利益冲突的一种表现。

另外，大部分资产类别中的投融资工具都带有一定的代理人风险，其中，公司债券是一个比较极端的例子。公司管理层利益与股东利益通常一致，但与公司债持有人之间存在严重的利益冲突，因此，在几乎所有的利益冲突中，公司债权人几乎都会蒙受损失。在股票投资方面，尽管公司管理层与外部股东之间利益大致趋同，但代理问题依然存在。在股权投资中，不管是上市公司的股权，还是非上市公司的股权，公司管理层都会不时做一些对个人有利而直接损害股东利益的事情。

市场的融资资金最终来自投资者。所以，完善融资功能与保护投资者权益是一体两面。投资者的权益如果得不到保护，就不会有动力把资金投入市场，市场的融资功能就难以发挥作用。未来我国需要大力完善证券市场的监管体系、加大对违法违规行为的惩治力度，还应加强金融市场的法制建设，健全中小投资者权益保护的法律法规体系，完善相关配套的实施细则和操作办法。只有市场的各个参与方达到共赢，才是多层次资本市场发展的长久之计。

三、从业人员素质要求

（一）高标准的职业操守

职业道德在金融行业中的重要性不言而喻。虽然道德品质难以量化，但我们可以感受到高标准的职业操守及合乎道德的行为准则。无论法律条款多么周密，从业人员都有机会牟取私利。如果从业人员道德品格高尚，就会降低利益冲突的严重性，因为正直的从业人员会在解决矛盾的过程中认真考虑机构及其客户的目标。具有良好道德素质的从业人员，可以提振投资人的信心，惠及所有市场参与者和利益相关者。良好的职业操守是金融从业最根本的要求。

高标准的职业操守至少应包括：

（1）坚持正直、专业、勤奋的做事原则，以合乎职业道德的方式对待客户、雇主、雇员、同事、其他资本市场的参与者以及业内公众。

（2）将诚信和客户利益置于个人利益之上。

（3）理解和遵守由政府、监管组织、授权机关或管理职业活动的职业协会制定的法律、法规或规章，保持和提高职业胜任能力。

（二）提升职业能力范围的广度

面对一个如此纷繁复杂的市场，作为从业者我们必须迎接挑战。在融资业务方面，客户提出的融资需求呈现出非标准化的趋势。不再是拘泥于某一时间某种特定明确的融资方式，取而代之的则是向从业人员提出一个整体的目标，要求从业者根据这个目标进行自主规划，设立阶段性的进度方案，从而形成一个完整的融资计划。在激烈竞争的环境下，能否有效地为客户提供综合性的服务已经成为证券公司核心竞争力的标尺。因此，这对于从业人员的综合素质提出了更高的要求。在实际工作当中，单一业务条线的知识储备往往显得单薄，需要从业人员能够了解多种融资方式的特点和适用范围、相应的政策指导以及具体产品类型的实际操作方法。

在投资业务方面，由于各类新的金融投资标的不断出现，各种更加复杂的金融产品的相互交叉渗透，投资人员所面临的考验空前严峻。金融衍生品的快速发展，使得过去相对被忽视的量化分析能力成为投资人员亟须提高的重点。更加复杂的品种就意味着更加复杂的投资组合，也就意味着更加困难的风险分析和控制，各种新出现的对冲策略又将跨品种、跨市场的分析能力严肃地摆在每一位投资人员的面前。只有不断地提高投资人员的综合业务能力才能在日益严峻的竞争之中生存下去。

（三）拓展职业能力的深度

在服务的广度之外，服务的深度要求也明显增加。"交叉销售""一站式"服务和"定制化"服务将是未来券商的发展方向。过去的"一级市场"和"二级市场"的服务界限正在越来越模糊。今天一级市场业务的客户可能就是明天二级市场的客户，反之亦然。所以，公司内部的统一协调和通力协作也越来越重要。

总之，中国资本市场的发展日新月异，对于从业人员的素质要求也越来越高。既要专业还要全面，既有深度还有广度。市场的演进推动了从业人员的素质提升，而从业人员的进步反过来又促进了市场的创新，这就是我们光明的前景！

新媒体环境下的投资者关系

邓智欢　狮华沐鹤公关顾问（上海）有限公司董事总经理、合伙人

在新媒体蓬勃发展的今天，投资者关系工作有什么不同？会有哪些新的方式和渠道帮助我们接触到投资者并更好地推介公司的投资价值？本文对这些问题进行了初步探索，并从实战角度分析了新媒体环境下投资者关系工作面临的挑战及应对之道。

作者简介

邓智欢 狮华沐鹤公关顾问（上海）有限公司董事总经理、合伙人，在企业传播与财经传播领域具备丰富经验，带领团队为大量 A 股上市公司提供财经公关和投资者关系咨询服务。邓智欢先生曾为多家大型企业提供投资者关系和公共关系管理方面的培训，并曾在上海交通大学和中南财经政法大学讲授公共关系和危机管理课程。邓智欢先生分别从厦门大学和中欧国际工商学院获得了硕士学位。

一、新媒体的特点

新媒体，是一个相对的、动态的概念，是指相对于报刊、广播、电视等传统媒体，以新的数字和网络技术作为基础的媒体或者具有媒体性质的一些传播渠道，例如互联网网站、手机客户端、微博、微信、移动视频等。

随着智能手机的发展，移动端的媒体逐渐成为城市人群获取信息的主流渠道。发展了 20 年左右的主要基于 PC（个人电脑）端的互联网网站相对于微博、微信公众号而言，都已经逐渐进入"传统媒体"行列。我们在这里讨论新媒体时，也将会更偏重于移动端的新媒体。

总体而言，各类新媒体在传播方面均有一些共性，例如快速及时，内容海量碎片，形式多媒体化，传播主体多元、内容多源，有效页面和有效空间都比较有限，同时互动性强，互动形式多样等。它们也具备各自不同的特点，我们以下就网站、手机客户端APP（应用程序）、微博和微信的不同传播特点进行简要的分析。

不同类型新媒体的传播特点有以下几方面。

1. 网站

网站的传播总体来说较为快速及时，能与各类事件同步传播。网站的信息量大，可以实现海量存储，并且形态多样，文字、视频、音频、图片等可以并存交融，同时其检索功能较为强大，可以轻松搜索到所有过往信息。

2. 手机客户端

手机客户端可以实现新闻的快速同步和即时推送，并且在全面的内容基础上，可以根据用户的个性化需求实现定制化推送和阅读。相较于网站，手机客户端的界面往往更为简洁明了，更适合与朋友分享。同时，用户的个性化需求定制信息也能给精准营销提供很好的数据基础。

3. 微博

微博传播具备多媒体全功能特点，即任何人在任何时间任何地点可以以多种形式传递各种内容。它的信息更加碎片化，传播主体去中心化，话题也更多元而分散，且微博用户及其粉丝之间往往是一种比较弱的关系，但互动性却很强，形成舆论话题的能力也非常强。

4. 微信公众号

微信公众号的传播是一种以人际传播为主的强关系连接，它与微博有相似的一点，即可以实现多级传播效果瞬时裂变，内容比微博更长，但限于手机用户的阅读习惯，其发布的信息必须简洁明了才更有传播性。微信公众号与读者的互动性一般，但其阅读者群体之间的互动性较好，同时贴身性强个性特色鲜明。微信时代，人人都是传播者。

从页面容量上来看，网站容量大，多进行专题类报道和大信息量报道；手机客户端页面空间有限，内容上强调需要精挑细选，因此也产生了标题党；微信发布内容受限，内容上更需要精挑细选，标题上更需要精心制作，但因监管问题出现了很多无节操的新闻和标题。

从形态上看，网站浏览便利，适用于多形态的报道手段与多媒体的报道方式；手机客户端需要用户下载关注，适用于采用定制推送模式来满足个性化需求；微博微信多级传播、多样传播融

合，适合采取精品内容传播模式。

从互动性上看，网站、客户端互动较弱，微博、微信互动性强；网站的互动形式比较多样，微博、微信的互动形式较单一但互动效果较好；微博、微信是话题、舆论集聚的重要方式，较易于形成人们话题。

二、新媒体时代投资者关系工作的挑战

投资者关系工作在很大程度上是一项基于沟通和传播的工作。上市公司将设计好的内容以不同的方式和渠道向投资者传播，与投资者沟通，同时也从不同渠道获得各类投资者的反馈。传统上，向投资者的信息传递与沟通渠道和方式均已经十分丰富。例如，在信息传递方式和渠道方面，通过公众媒体、与投资者面对面、电子邮件、电话等都已经被广泛采用。从监管到实践也形成了一套基本行之有效的管理模式。

但这些在新媒体时代均出现了一定程度的变化，新的传播渠道、方式及特点给了投资者关系从业者更多的选择，同时也带来更多的烦恼和更多的挑战。从我们的观察来看，具体包括以下几大类。

（一）信息披露挑战

在微博和微信时代，新媒体带来的大量碎片信息和极速传播给上市公司的信息披露带来了极大的挑战。

按照监管机构规定，上市公司信息披露必须通过指定渠道刊发公告，但有部分上市公司在新媒体上的信息比公司信息披露公告更早，从而引发信息披露违规质疑。例如，某文化传媒类上市公司在微博上刊登了其重要对外战略合作的签约仪式照片，而相关公告在一天之后才刊出。某制造企业的董事长在接受媒体采访时透露正在计划将大量资产注入上市公司，这条信息首先在该媒体手机客户端的滚动快讯中出现，并随即引起股价大幅波动。这些都成为新媒体时代信息披露的违规案例。

而在更高层面，信息披露的监管规定应如何适应新媒体的发展趋势和发展程度也成为监管层面临的课题。原有规定的本意是保证公平披露，即让所有投资者都能公平地获取上市公司信息，但随着新媒体的发展，新媒体正显现出比原有信息传播渠道更强的活力和更高的效率。在这种情况下，是否需要，以及如何利用新媒体渠道让投资者更快、更低成本地获得上市公司信息，仍有待探索和实践的检验。

（二）主动传播挑战

在过往的环境中，投资者关系部门遇到的主动传播挑战已经非常巨大，包括如何设计投资故事，如何吸引媒体报道，如何确保媒体客观公正报道等，但在新媒体加入媒体战局后，这类挑战变得更为明显。

一方面，媒体的渠道似乎变得越来越多。当上市公司意识到需要通过新媒体进行主动传播时，它发现自己需要从数以万计的微信公众号或微博账号挑选出自己需要的某几个；另一方面，主动传播的投资故事要引起投资者的兴趣也越来越难。在"互联网＋""O2O"等故事已经让投资者审美疲劳时，如何让主动传播的内容真正引发投资者的关注，已经成为一个难题。

（三）投资者互动挑战

如前文所述，新媒体也带来了新的互动方式和体验。也许以往只有中小投资者在股吧中对股价进行讨论，对公司提出质疑，而随着微博微信的发展，这类互动已经扩展到更广的范围和更深的层次。

例如，在知名投资社区雪球网上，有大量的有经验的甚至是非常专业的投资者会聚集在一起，讨论上市公司的投资价值；在微博上，上市公司开设的微博账号会有许多投资者留言，关注公司近期动态。有时上市公司进行的主动传播刚刚完成，投资者们就会在微博和微信上直言不讳地进行评论，甚至群起而攻之。这类快速而又直接的互动反馈在以往上市公司通过传统媒体安排主动传播时是无法想象的。

此外，还有一些投资机构的基金经理或者分析师在微博上不断发声，吸引了大量中小投资者粉丝，成为了投资界的意见领袖，他们对某家上市公司提出的疑问甚至会引发监管层的关注。

（四）危机管理挑战

新媒体对危机管理带来的冲击是最明显的。以往需要 24 小时才能看到的危机传播、深化和变异如今在 2 小时内就能很清晰地从各类新媒体上看到。危机管理的反应时间大大缩短。也许就是半天，上市公司的某项谣言或者丑闻就会在新媒体上大量出现，而这项传言很可能是公司内部员工在微博或者微信上发出的。

三、应对之道

面对新媒体的蓬勃发展,我们无法视而不见,总试图规避它给我们带来的各种挑战,而是应该以积极的心态面对,去大胆探索新的沟通方法和管理方法。以下是我们在近年来的实践中摸索总结出的一些应对之道。

(一)以更规范的管理应对信息披露挑战

要面对新媒体给信息披露带来的挑战,规范化管理仍是根本之道。上市公司应将对信息披露的要求和规范的知晓范围从高管层扩大到普通员工。对有可能接触到核心信息的员工,除登记其常规信息之外,还应记录其在社交媒体上的账号信息。同时将这些账号纳入日常监测范畴。

同时,信息披露的规定和案例应该每年定期进行培训,并根据新媒体发展情况提出新的要求。例如,以前可能规定微博上禁止谈论任何可能违反信息披露的话题,但现在,微信或朋友圈造成的内幕信息泄露案例屡见不鲜。

（二）以更开放的心态与投资者互动

新媒体的互动特性较强，而新一代的投资者也更看重与上市公司的互动。对此，上市公司应该以更开放的心态来看待和处理。

首先，从官方渠道来看，上市公司应充分重视上交所和深交所提供的两大投资者互动平台，尽量在投资者问题提出后 72 小时之内回复投资者提问，塑造公司尊重投资者，善意对待投资者的形象。

其次，有一些公司的董事会秘书实名注册了雪球、股吧等投资者平台的账号，并与投资者在其中展开互动，这种方式值得鼓励。这些平台均有移动客户端，工作人员可以有效利用碎片时间，在遵守信息披露规定的前提下，在平台上答疑解惑，准确及时传递公司信息。

（三）以更适应新媒体的方式做好主动传播

除了通过传统媒体发声之外，我们建议上市公司在主动传播方面可以逐步开始利用新媒体渠道。

例如，上市公司如有发布利好公告，之前常常会在正式公告后，以新闻稿的方式在传统媒体上进行传播，现在则可以考虑将新媒体也纳入传播渠道中。由于新媒体传播更为精准，在选择了正确的新媒体后，此类信息的传播情况会比传统媒体效果更佳。

同时，如前所述，基于移动端的新媒体有效容量较少，如果信息太长太多，读者往往中途放弃，因此需要在传播时特别注意内容的精练，集中传递核心信息，同时要设计吸引人的标题和表达方式，让读者帮助我们继续传播，方能达到更好的效果。

目前，已有部分上市公司开通了投资者关系专用微信公众号，或者在公司的官方微信公众号中设置了投资者关系板块，并利用新媒体的各类新功能与投资者沟通互动，这些都是积极利用新媒体主动传播的好做法。

（四）充分利用新媒体特性升级危机管理

从危机管理的角度来看，微博、微信既是危机的重要来源地，也是我们进行危机管理的重要工具。正是由于新媒体比传统媒体的传播更快，范围更广，因此，它也是我们澄清谣言、表明态度、释放信息的重要渠道。

首先，上市公司应在已有的媒体监控体系中全面纳入对微博、微信公众号的监控；其次，在发现危机苗头时，不应再抱着删除压制信息传播的想法来管理危机，而是应在准确判别危机苗头性质、发展趋势的基础上，在合适的时机主动处理，将危机浇熄在刚刚冒烟时。

例如，有很多拥有消费品牌的上市公司已经建立了完善的新媒体监控体系，不仅对媒体报道，也对消费者抱怨等加以监控，并安排专业客服团队对接在新媒体上发出不满声音的消费者，让危机消弭于萌芽状态，甚至将不满意的消费者转化为忠实顾客。

此外，对于在新媒体上传播的不实传言，应该在监控到后2～4小时内予以积极澄清，避免其过度扩散。对于其他危机，在向外界公布真相，表明态度时，也不应忘记新媒体。